Italiano Para Principiantes

Sumario

Introducción

Este libro es un buen recurso para los principiantes que deseen adquirir las habilidades esenciales para una comunicación eficaz, ya que guía a los lectores a través de las formas más esenciales de expresarse en situaciones cotidianas y les enseña las palabras, expresiones y frases más comunes. El énfasis en el uso práctico de la lengua y en su aplicación al mundo real proporciona una experiencia de aprendizaje estructurada y positiva que ayuda a los principiantes a progresar en el idioma.

Más fluidez que perfección

Este libro le ayuda a aprender el idioma con rapidez y eficacia. Se centra en el vocabulario y le ayuda a desenvolverse en una amplia variedad de situaciones. Se basa en el principio de que es necesario aprender las palabras que se utilizan a diario para expresarse con libertad, naturalidad y confianza.

Un enfoque estructurado para aprender fácilmente

Este libro está bien estructurado y dividido en temas manejables, lo que le permitirá familiarizarse con todos los aspectos importantes del uso del vocabulario cotidiano.

Centrado en los usos más comunes

El aprendizaje de idiomas es más eficaz cuando se basa en situaciones de la vida real. Este libro presenta una variedad de situaciones cotidianas que le ayudarán a utilizar el idioma en situaciones de la vida real. Explorará temas comunes como la familia, la educación, las interacciones sociales, los viajes, las tareas cotidianas y mucho más para obtener una comprensión realista de cómo se utiliza la lengua en la vida diaria.

Diseño sencillo y niveles de dificultad progresivos

El libro es accesible para principiantes de todos los niveles gracias a su diseño sencillo y a sus niveles de dificultad progresivos. La presentación clara de la información y la secuencia progresiva de los temas garantizan un proceso de aprendizaje fluido y ameno.

101 capítulos

El libro está dividido en 101 capítulos, que le permitirán asimilar el material en 101 días. Esto le mantendrá motivado y en el buen camino.

Este libro presupone conocimientos básicos de lectura y pronunciación.

1. Presentarse

Come si chiama?

¿Cuál es su nombre?

Il mio nome è Markus.

Me llamo Markus.

Da dove viene?

¿De dónde es usted?

Io vengo dalla Germania.

Soy de Alemania.

Dove vive?

¿Dónde vive?

Vivo a Berlino, in Orchard Street 17.

Vivo en Berlín, en la calle Orchard 17.

Qual è la sua professione?

¿Cuál es su profesión?

Lavoro come insegnante.

Trabajo como profesor.

Quanti anni ha?

¿Cuántos años tiene?

Ho 25 anni.

Tengo 25 años.

Quali lingue parla?

¿Qué idiomas habla?

Parlo francese e spagnolo.

Hablo francés y español.

Nel tempo libero mi piace nuotare e suonare il pianoforte.

En mi tiempo libre me gusta nadar y tocar el piano.

Il mio cibo preferito è la pizza.

Mi comida favorita es la pizza.

Ho un fratello e una sorella.

Tengo un hermano y una hermana.

2. En el curso de idiomas

Può ripeterlo?

¿Puede repetirlo?

Potrebbe parlare più forte?

¿Podría hablar más alto?

Può parlare più lentamente?

¿Puede hablar más despacio?

Non capisco. Può spiegarlo di nuovo?

No lo entiendo. ¿Puede explicármelo de nuevo?

Che cosa significa questa parola?

¿Qué significa esta palabra?

Come si pronuncia questa parola?

¿Cómo se pronuncia esta palabra?

Può scrivere questa parola?

¿Puede escribir esta palabra?

Qual è la differenza tra queste due parole?

¿Cuál es la diferencia entre esas dos palabras?

Potrebbe darmi un esempio di frase con questa parola?

¿Podría darme una frase de ejemplo con esa palabra?

È grammaticalmente corretto?

¿Es gramaticalmente correcto?

Credo che parli con un accento del sud.

Creo que habla con acento sureño.

Ci saranno dei compiti per la prossima lezione?

¿Habrá deberes para la próxima clase?

Ascoltiamola di nuovo.

Escuchémoslo de nuevo.

Con quale libro lavoreremo?

¿Con qué libro trabajaremos?

Quando è il prossimo esame?

¿Cuándo es el próximo examen?

3. Hablando de gramática

Un "gatto" è un sostantivo.

Un "gato" es un sustantivo.

Il verbo "andare" descrive il movimento.

El verbo "ir" describe el movimiento.

L'aggettivo "veloce" indica la rapidità del processo.

El adjetivo "rápido" indica la velocidad del proceso.

Il punto si usa alla fine di una frase.

Se utiliza un punto al final de una frase.

Una virgola separa gli elementi di un elenco.

Una coma separa los elementos de una lista.

Un punto interrogativo indica la fine di una domanda.

Un signo de interrogación indica el final de una pregunta.

Un punto esclamativo indica enfasi.

Un signo de exclamación indica énfasis.

Le virgolette indicano il discorso diretto.

Las comillas indican discurso directo.

L'apostrofo si usa nelle contrazioni.

El apóstrofo se utiliza en las contracciones.

Il trattino separa le parole composte.

El guión separa las palabras compuestas.

L'ellissi indica la continuazione di un pensiero.

La elipsis indica la continuación de un pensamiento.

La barra indica una scelta tra due parole.

La barra oblicua indica una elección entre dos palabras.

Le parentesi racchiudono informazioni aggiuntive.

Los corchetes encierran información adicional.

In spagnolo, tutti i verbi devono essere inflessi.

En español, todos los verbos deben estar flexionados.

In tedesco, deve memorizzare la parola con il suo articolo.

En alemán, tiene que memorizar la palabra con su artículo.

4. Frases comunes

Come sta?

¿Cómo está?

Grazie.

Gracias.

Non c'è di che.

De nada.

Mi scusi.

Discúlpeme.

Mi dispiace.

Lo siento.

Piacere di conoscerla.

Mucho gusto.

Ci vediamo dopo.

Hasta luego.

Addio.

Adiós.

Per favore.

Por favor.

Ti amo.

Te quiero.

Non c'è problema.

No pasa nada.

Cosa succede?

¿Qué ocurre?

Nessun problema.

No hay problema.

Non si preoccupi.

No se preocupe.

Buona giornata!

¡Que tenga un buen día!

5. Preguntas comunes

Qual è la sua canzone preferita?

¿Cuál es su canción favorita?

Perché lo pensa?

¿Por qué lo cree?

Da dove viene quel treno?

¿De dónde ha salido ese tren?

Dov'è il mio libro?

¿Dónde está mi libro?

Dove va?

¿Adónde va?

Quando si terrà la prossima lezione?

¿Cuándo es la próxima clase?

Chi l'ha chiamata ieri sera?

¿Quién le llamó anoche?

Qual è il telefono migliore?

¿Cuál es el mejor teléfono?

Con chi è andato al concerto di ieri sera?

¿Con quién fue anoche al concierto?

Come posso aiutarla?

¿En qué puedo ayudarle?

Quanto costa?

¿Cuánto cuesta?

Quante volte è stato a Milano?

¿Cuántas veces ha estado en Milán?

Quanto spesso va in palestra?

¿Con qué frecuencia va al gimnasio?

Ha tempo sabato?

¿Tiene tiempo el sábado?

Stai bene?

¿Se encuentra bien?

6. Días de la semana

Lunedì mattina abbiamo una riunione di gestione.

El lunes por la mañana tenemos una reunión de dirección.

Martedì ho un appuntamento con il mio ragazzo.

El martes tengo una cita con mi novio.

Mercoledì mattina sono andata al supermercato.

El miércoles por la mañana fui al supermercado.

Giovedì pomeriggio sono andata in piscina.

El jueves por la tarde fui a la piscina.

Venerdì sera sono andata al cinema.

El viernes por la noche fui al cine.

Il sabato, lavoro in una caffetteria locale.

Los sábados trabajo en una cafetería local.

Domenica, ho intenzione di andare al parco.

El domingo pienso ir al parque.

Devo lavorare nei giorni feriali.

Tengo que trabajar entre semana.

Nei fine settimana mi rilasso e trascorro del tempo con la mia famiglia.

Los fines de semana me relajo y paso tiempo con mi familia.

Da lunedì a giovedì, sarò a Chicago per un viaggio in auto.

De lunes a jueves, estaré en Chicago de viaje en coche.

Devo completare questo compito entro venerdì.

Debo completar esta tarea antes del viernes.

Il mercoledì pomeriggio, vado a lezione di lingua.

Los miércoles por la tarde voy a clase de idiomas.

Non mi piace il lunedì. Preferisco il venerdì.

No me gustan los lunes. Prefiero los viernes.

Mi piace dormire bene nei fine settimana.

Me gusta dormir bien los fines de semana.

Ho avuto una settimana molto impegnativa.

He tenido una semana muy ajetreada.

7. Meses del año

Sono andata a sciare sulle Alpi a gennaio.

Fui a esquiar a los Alpes en enero.

A febbraio, ho acquistato un nuovo computer.

En febrero, compré un ordenador nuevo.

A marzo, ho difeso la mia tesi di laurea.

En marzo defendí mi tesis de licenciatura.

Ad aprile, ho ottenuto un nuovo lavoro.

En abril, conseguí un nuevo trabajo.

A maggio, ho fatto un viaggio da sola in Francia.

En mayo hice un viaje en solitario por Francia.

A giugno mi sono sposata.

En junio me casé.

A luglio c'è stata un'enorme ondata di calore.

En julio hubo una gran ola de calor.

Ad agosto sono andata in Spagna con i miei amici.

En agosto fui a España con mis amigos.

A settembre è iniziato il nuovo anno scolastico.

En septiembre comenzó el nuevo curso escolar.

A ottobre, le temperature hanno iniziato a scendere.

En octubre, las temperaturas empezaron a bajar.

A novembre, le foglie sono cadute.

En noviembre, las hojas han caído.

A dicembre, abbiamo festeggiato il Natale.

En diciembre celebramos la Navidad.

Sono stati mesi impegnativi per me.

Fueron meses muy ajetreados para mí.

Ho intenzione di visitare i miei genitori il mese prossimo.

Tengo previsto visitar a mis padres el mes que viene.

È stato un anno positivo.

Fue un buen año.

8. Estaciones y expresiones meteorológicas

I fiori sbocciano in primavera.

Las flores florecen en primavera.

In estate, il sole risplende intensamente.

En verano, el sol brilla con fuerza.

In autunno, le foglie cambiano colore,

En otoño, las hojas cambian de color,

In inverno nevica.

En invierno nieva.

Ha piovuto tutto il pomeriggio.

Llovió toda la tarde.

Oggi il cielo è coperto di nuvole.

Hoy el cielo está cubierto de nubes.

Fuori c'è vento.

Fuera hace viento.

Durante la guida c'era la nebbia.

Había niebla cuando conducíamos.

Viviamo in un clima mite.

Vivimos en un clima templado.

Ieri c'è stata una tempesta.

Ayer hubo tormenta.

Ci sono 30 gradi Celsius.

Hace 30 grados centígrados.

Fa caldo qui. Devo accendere l'aria condizionata.

Aquí hace calor. Tengo que encender el aire acondicionado.

Fuori fa caldo.

Hace calor fuera.

Fuori fa freddo.

Hace frío fuera.

Il tempo è davvero bello.

Hace muy buen tiempo.

9. Colores

Il gatto è nero.
El gato es negro.

La scrivania era marrone.
El escritorio era marrón.

Le nuvole erano grigie.
Las nubes eran grises.

La mia camicia da notte è viola.
Mi camisón es morado.

Il cielo è blu.
El cielo es azul.

Le rose erano rosse.
Las rosas eran rojas.

Il suo rossetto era rosa.
Su pintalabios era rosa.

Il quaderno era verde.
El cuaderno era verde.

L'arancione è arancione.
El naranja es naranja.

Il sole è giallo.
El sol es amarillo.

La parete è bianca.
La pared es blanca.

Il vetro è trasparente.
El cristal es transparente.

Preferisco i colori chiari.
Prefiero los colores claros.

Fuori era buio.
Fuera estaba oscuro.

L'immagine era colorata.
La imagen era colorida.

10. Adjetivos importantes

L'elefante è grande e il topo è piccolo.

El elefante es grande y el ratón pequeño.

Il clima è caldo in estate e freddo in inverno.

El clima es caluroso en verano y frío en invierno.

Il cane può correre velocemente, ma la tartaruga si muove molto lentamente.

El perro puede correr rápido, pero la tortuga se mueve muy despacio.

In inverno le temperature sono basse, ma in estate sono alte.

En invierno las temperaturas eran bajas, pero en verano son altas.

Il fiume è lungo, ma il ruscello è corto.

El río es largo, pero el arroyo es corto.

Questo orologio è vecchio, ma lo smartphone è nuovo.

Este reloj es antiguo, pero el teléfono inteligente es nuevo.

Lei è giovane, ma sua nonna è anziana.

Ella es joven, pero su abuela es mayor.

Superman è forte, ma io sono debole.

Superman es fuerte, pero yo soy débil.

È ricco, ma vive come se fosse povero.

Es rico, pero vive como si fuera pobre.

Il bicchiere è pieno, ma la tazza è vuota.

El vaso está lleno, pero la taza está vacía.

La strada è larga, ma il marciapiede è stretto.

La carretera es ancha, pero el pavimento es estrecho.

Una carta è leggera, ma una pietra è pesante.

Un papel es ligero, pero una piedra es pesada.

Il diamante è duro, ma il cuscino è morbido.

El diamante es duro, pero la almohada es blanda.

Dopo la pioggia, l'aria è pulita, ma le strade sono sporche.

Después de la lluvia, el aire está limpio, pero las calles están sucias.

Il concerto era rumoroso, ma la biblioteca è tranquilla.

El concierto fue ruidoso, pero la biblioteca es tranquila.

11. Verbos importantes

Sono felice di essere qui.

Estoy feliz de estar aquí.

Ha un bellissimo giardino.

Tiene un jardín precioso.

Mi piace parlare con lei.

Me gusta hablar con ella.

Ha detto che sarebbe venuto alla festa.

Dijo que vendría a la fiesta.

Devo andare a fare la spesa al negozio.

Tengo que ir a por comida a la tienda.

Andiamo a fare una passeggiata.

Vamos a dar un paseo.

Stasera esco con i miei amici.

Esta noche saldré con mis amigos.

Venga alla riunione alle ore 15.00.

Acuda a la reunión a las 15.00 horas.

Guardi lo schermo!

¡Mire la pantalla!

Voglio imparare a suonare la chitarra.

Quiero aprender a tocar la guitarra.

Devo finire questo esercizio.

Tengo que terminar este ejercicio.

Devo trovare la risposta a questa domanda.

Tengo que encontrar la respuesta a esta pregunta.

Mi dica i suoi programmi per il fine settimana.

Cuénteme sus planes para el fin de semana.

Chieda al suo insegnante se ha dei dubbi.

Pregunte a su profesor en caso de duda.

Oggi devo lavorare al mio progetto.

Hoy tengo que trabajar en mi proyecto.

12. Números del 0 al 10

Zero più uno è uguale a uno.

Cero más uno es igual a uno.

Ci sono due uccelli sul recinto.

Hay dos pájaros en la valla.

Ho letto tre libri durante il fine settimana.

He leído tres libros durante el fin de semana.

Ho quattro palloncini rossi per la festa.

Tengo cuatro globos rojos para la fiesta.

Ho piantato cinque fiori in giardino.

He plantado cinco flores en el jardín.

Ci sono sei studenti in classe.

Hay seis alumnos en el aula.

Ci sono sette giorni in una settimana.

Hay siete días en una semana.

Vedo otto farfalle in giardino.

Puedo ver ocho mariposas en el jardín.

Nove gatti giocano in giardino.

Nueve gatos juegan en el jardín.

Ho contato dieci stelle nel cielo notturno.

Conté diez estrellas en el cielo nocturno.

Dieci meno tre fa sette.

Diez menos tres son siete.

Due moltiplicato per tre fa sei.

Dos multiplicado por tres es seis.

Nove diviso tre fa tre.

Nueve dividido por tres es tres.

Due alla potenza di due fa quattro.

Dos a la potencia de dos es cuatro.

La radice quadrata di quattro è due.

La raíz cuadrada de cuatro es dos.

13. Números 11-20

C'erano undici matite nel mio portamatite.

Había once lápices en mi caja de lápices.

Avevo undici biglie nella mia collezione.

Tenía once canicas en mi colección.

Ci sono dodici mesi in un anno.

Hay doce meses en un año.

Alla festa di compleanno c'erano dodici palloncini colorati.

Había doce globos de colores en la fiesta de cumpleaños.

Ho comprato tredici arance al supermercato.

Compré trece naranjas en el supermercado.

Ci sono quattordici palloncini colorati a una festa.

Hay catorce globos de colores en una fiesta.

L'atleta ha completato la gara in quattordici minuti, stabilendo un nuovo record.

La atleta completó la carrera en catorce minutos, estableciendo un nuevo récord.

Posso contare quindici stelle nel cielo notturno.

Puedo contar quince estrellas en el cielo nocturno.

Sullo scuolabus ci sono sedici studenti.

Hay dieciséis alumnos en el autobús escolar.

Ho diciassette adesivi sul mio quaderno.

Tengo diecisiete pegatinas en mi cuaderno.

Ci sono diciotto cupcake sul tavolo dei dolci.

Hay dieciocho magdalenas en la mesa de postres.

Il libro aveva diciotto capitoli, ognuno dei quali era pieno di suspense e intrighi.

El libro tenía dieciocho capítulos, cada uno lleno de suspense e intriga.

Ho raccolto diciannove mele dall'albero.

Recogí diecinueve manzanas del árbol.

Ho comprato venti caramelle al negozio.

Compré veinte caramelos en la tienda.

L'accogliente caffetteria aveva venti tavoli.

La acogedora cafetería tenía veinte mesas.

14. Números 20-90

Ho ventuno pastelli nella mia scatola.

Tengo veintiún lápices de colores en mi caja.

Ci sono ventidue palloncini colorati alla festa.

Hay veintidós globos de colores en la fiesta.

Ho ventitré canzoni preferite nella mia playlist.

Tengo veintitrés canciones favoritas en mi lista de reproducción.

Ho trovato ventiquattro conchiglie sulla spiaggia.

Encontré veinticuatro conchas marinas en la playa.

Ho venticinque adesivi nella mia collezione.

Tengo veinticinco pegatinas en mi colección.

Ho letto un libro con ventisei capitoli.

He leído un libro con veintiséis capítulos.

Nella mia classe ci sono ventisette studenti.

En mi clase hay veintisiete alumnos.

Ho fatto ventotto biscotti per la vendita di dolci.

Hice veintiocho galletas para la venta de pasteles.

Ho letto trenta pagine di questo libro ieri.

Ayer leí treinta páginas de este libro.

Ci sono quaranta sedie nella sala conferenze.

Hay cuarenta sillas en la sala de conferencias.

Ho comprato cinquanta biscotti per la festa.

Compré cincuenta galletas para la fiesta.

Sessanta minuti fanno un'ora.

Sesenta minutos hacen una hora.

Ci sono settanta auto nel parcheggio.

Hay setenta coches en el aparcamiento.

Ho ottanta pezzi di puzzle da completare.

Tengo ochenta piezas de puzzle que completar.

La temperatura ha raggiunto i novanta gradi Fahrenheit oggi.

La temperatura ha alcanzado hoy los noventa grados Fahrenheit.

15. Números 100+

Ci sono cento posti a sedere nell'auditorium.

Hay cien asientos en el auditorio.

Duecento studenti hanno partecipato all'assemblea scolastica.

Doscientos alumnos asistieron a la asamblea escolar.

L'azienda ha prodotto trecento unità del nuovo prodotto.

La empresa produjo trescientas unidades del nuevo producto.

Questo libro ha quattrocento pagine.

Este libro tiene cuatrocientas páginas.

Ho raccolto cinquecento conchiglie sulla spiaggia.

Recogí quinientas conchas en la playa.

Seicento persone hanno partecipato alla corsa di beneficenza.

Seiscientas personas participaron en la carrera benéfica.

Il museo espone settecento opere d'arte.

El museo cuenta con setecientas obras de arte expuestas.

Ottocento invitati hanno partecipato al mio matrimonio.

Ochocientos invitados asistieron a mi boda.

Ci sono novecento alberi nel parco.

Hay novecientos árboles en el parque.

Costava mille dollari.

Costó mil dólares.

Ho risparmiato duemila dollari per la mia vacanza.

He ahorrado dos mil dólares para mis vacaciones.

Oggi ho camminato per un totale di 10.000 passi.

Hoy he caminado un total de diez mil pasos.

La popolazione della città è di oltre centomila abitanti.

La población de la ciudad supera los cien mil habitantes.

L'azienda ha raggiunto un milione di dollari di fatturato.

La empresa ha alcanzado el millón de dólares de ingresos.

L'azienda è valutata un miliardo di dollari.

La empresa está valorada en mil millones de dólares.

16. Números ordinales

È la prima volta che visito Varsavia.

Es la primera vez que visito Varsovia.

Ha vinto il secondo premio della gara.

Ganó el segundo premio de la carrera.

Ha vinto il terzo premio del concorso.

Ganó el tercer premio del concurso.

Vivo al quarto piano del condominio.

Vivo en la cuarta planta del edificio de apartamentos.

Ha fatto una festa per celebrare il suo quinto compleanno.

Hizo una fiesta para celebrar su quinto cumpleaños.

Si è classificata sesta nella gara.

Terminó sexta en la carrera.

La nostra squadra è arrivata settima nel torneo.

Nuestro equipo quedó séptimo en el torneo.

Arrivarono alla sala riunioni dell'ottavo piano.

Llegaron a la sala de reuniones del octavo piso.

La nona fila del teatro offre la migliore vista sul palco.

La novena fila del teatro tiene la mejor vista del escenario.

Si è aggiudicata il decimo posto nel concorso artistico.

Obtuvo el décimo puesto en el concurso de arte.

È l'undicesimo del mese e c'è il sole.

Es el undécimo día del mes y hace sol.

È la dodicesima volta che vedo questo film.

Es la duodécima vez que veo esta película.

La nostra squadra ha vinto la tredicesima partita consecutiva.

Nuestro equipo ganó su decimotercer partido consecutivo.

È il 14 del mese e ho un appuntamento dal dentista.

Es catorce del mes y tengo una cita en el dentista.

Ha festeggiato il suo quindicesimo anniversario di matrimonio con una cena speciale.

Celebró su decimoquinto aniversario de boda con una cena especial.

17. Miembros de la familia

Nostro figlio sta imparando ad allacciarsi le scarpe da solo.

Nuestro hijo está aprendiendo a atarse los cordones.

Nostra figlia ama dipingere e creare bellissime opere d'arte.

A nuestra hija le encanta pintar y crear bonitas obras de arte.

Mio fratello minore si diverte a giocare ai videogiochi.

A mi hermano pequeño le gusta jugar a videojuegos.

La mia sorella maggiore è il mio modello di comportamento; è sempre presente per guidarmi.

Mi hermana mayor es mi modelo a seguir; siempre está ahí para guiarme.

Mio padre mi aiuta a fare i compiti dopo cena.

Mi padre me ayuda con los deberes después de cenar.

Mia madre prepara ogni sera pasti deliziosi per la famiglia.

Mi madre prepara deliciosas comidas para la familia todas las noches.

I miei genitori si sono sposati 20 anni fa.

Mis padres se casaron hace 20 años.

Mio nonno racconta storie affascinanti della sua giovinezza.

Mi abuelo cuenta historias fascinantes de su juventud.

Mia nonna prepara dei biscotti deliziosi ogni domenica.

Mi abuela hornea deliciosas galletas todos los domingos.

I miei nonni ci fanno visita spesso.

Mis abuelos nos visitan a menudo.

Lo zio John mi insegnerà ad andare in bicicletta questo fine settimana.

El tío John me enseñará a montar en bicicleta este fin de semana.

La zia Mary ci porta sempre dei doni premurosi durante le riunioni di famiglia.

La tía Mary siempre nos trae regalos atentos en las reuniones familiares.

Io e mia cugina abbiamo molti degli stessi hobby.

Mi primo y yo tenemos muchas de las mismas aficiones.

Mio nipote ride molto.

Mi sobrino se ríe mucho.

Mia nipote è una bambina adorabile con un grande sorriso.

Mi sobrina es una niña adorable con una gran sonrisa.

18. Describir a las personas - Aspecto físico

Ha i capelli lunghi e porta gli occhiali.

Tiene el pelo largo y lleva gafas.

Porta le lenti a contatto.

Lleva lentes de contacto.

È molto alto e ha i capelli neri corti.

Es muy alto y tiene el pelo corto y negro.

Ha gli occhi azzurri.

Tiene los ojos azules.

Ha la barba e i baffi.

Tiene barba y bigote.

Ha i capelli ricci.

Tiene el pelo rizado.

È magro.

Es delgado.

Ha le lentiggini sulle guance

Tiene pecas en las mejillas

Ha una coda di cavallo.

Tiene una coleta.

È in sovrappeso e ha la testa calva.

Tiene sobrepeso y la cabeza calva.

È di media altezza e ha i capelli biondi e lisci.

Es de estatura media y tiene el pelo rubio liso.

Indossa sempre un cappello.

Siempre lleva sombrero.

Ha un tatuaggio sul braccio e dei piercing all'orecchio.

Tiene un tatuaje en el brazo y piercings en las orejas.

Ha una cicatrice sulla guancia.

Tiene una cicatriz en la mejilla.

Ha una fossetta sul mento e porta l'apparecchio per i denti.

Tiene un hoyuelo en la barbilla y lleva ortodoncia.

19. Describir a las personas - Rasgos de personalidad

È di buon cuore e sempre desiderosa di aiutare gli altri.

Tiene buen corazón y siempre está dispuesta a ayudar a los demás.

È estroversa e ama socializzare con gli amici.

Es extrovertida y le encanta socializar con sus amigos.

È calma e paziente, anche nelle situazioni di stress.

Es tranquila y paciente, incluso en situaciones de estrés.

È energica e porta entusiasmo in qualsiasi compito.

Es enérgica y aporta entusiasmo a cualquier tarea.

È un amico affidabile su cui si può contare in qualsiasi situazione.

Es un amigo fiable con el que se puede contar en cualquier situación.

Sono pensatori creativi che spesso propongono idee innovative.

Son pensadores creativos a los que a menudo se les ocurren ideas innovadoras.

È spiritoso e riesce a far ridere tutti con le sue battute.

Tiene buen humor y es capaz de hacer reír a todo el mundo con sus chistes.

È laboriosa e lavora duramente per raggiungere i suoi obiettivi.

Es muy trabajadora y se esfuerza por alcanzar sus objetivos.

È amichevole ed estroverso e fa facilmente nuove amicizie.

Es simpático y extrovertido y hace nuevos amigos con facilidad.

È organizzata ed eccelle nella pianificazione di eventi e attività.

Es organizada y destaca en la planificación de eventos y actividades.

È avventuroso e gli piace provare cose nuove.

Es aventurero y le gusta probar cosas nuevas.

È un'ascoltatrice compassionevole che è sempre presente per i suoi amici.

Es una oyente compasiva que siempre está ahí para sus amigos.

È determinata e non rinuncia mai a una sfida.

Es decidida y nunca se rinde ante un reto.

È ottimista e vede il lato positivo di ogni situazione.

Es optimista y ve el lado positivo de cada situación.

È un tipo facile da gestire e si adatta bene ai cambiamenti.

Es fácil de llevar y se adapta bien a los cambios.

20. Preposiciones comunes

Il libro è sul tavolo.

El libro está sobre la mesa.

Il cane è sotto la sedia.

El perro está debajo de la silla.

La matita è accanto al libro.

El lápiz está junto al libro.

Il gatto è nella scatola.

El gato está en la caja.

Lui è dietro la tenda.

Está detrás de la cortina.

Ho parcheggiato l'auto davanti alla casa.

Aparqué el coche delante de la casa.

Il dipinto si trova sopra il camino.

El cuadro está encima de la chimenea.

La risposta è scritta sotto la domanda.

La respuesta está escrita debajo de la pregunta.

Il negozio di alimentari è dietro l'angolo.

La tienda de comestibles está a la vuelta de la esquina.

La palla è rotolata sotto il letto.

La pelota rodó bajo la cama.

Il parcheggio si trova a destra dell'edificio dell'ufficio postale.

El aparcamiento está a la derecha del edificio de correos.

Il parco giochi si trova a sinistra del parcheggio.

El parque infantil está a la izquierda del aparcamiento.

La scuola è vicina alla chiesa.

La escuela está cerca de la iglesia.

La stazione ferroviaria non è molto lontana da casa mia.

La estación de tren no está muy lejos de mi casa.

L'ufficio postale si trova tra il parco e un museo.

La oficina de correos se encuentra entre el parque y un museo.

21. Expresar lo que le gusta y lo que no le gusta

Amo davvero la mia ragazza.

Quiero mucho a mi novia.

Mi piace passare il tempo con i miei amici.

Me gusta pasar tiempo con mis amigos.

Le piace imparare le lingue.

Le gusta aprender idiomas.

Gli piace parlare di storia.

Le gusta hablar de historia.

Ci piace il profumo dei fiori.

Nos gusta el olor de las flores.

A entrambi non piace la musica classica.

A ambos no les gusta la música clásica.

A loro piace vedersi.

Les gusta verse.

Non mi piace lavare i piatti.

No me gusta lavar los platos.

Odio fare cose inutili.

Odio hacer cosas inútiles.

A lui piace e anche a me.

A él le gusta y a mí también.

A lui non piace e nemmeno a me.

A él no le gusta y a mí tampoco.

A lui piace, ma a me no.

A él le gusta, pero a mí no.

A lui non piace, ma a me sì.

A él no le gusta, pero a mí sí.

Mi piacerebbe andare in Italia.

Me gustaría ir a Italia.

Penso che sia una buona idea.

Creo que es una buena idea.

22. Emociones

Sono soddisfatto dei risultati.

Estoy contento con los resultados.

È triste perché il suo cane è morto.

Está triste porque su perro ha muerto.

È entusiasta della sua imminente vacanza.

Está entusiasmado con sus próximas vacaciones.

Questo film mi annoia.

Me aburre esta película.

È ansiosa per un esame imminente.

Está ansiosa por un próximo examen.

Mi sento soddisfatta dopo un weekend di relax a casa.

Me siento satisfecha tras un fin de semana de relax en casa.

È arrabbiato per un trattamento ingiusto.

Está enfadado por el trato injusto.

È rimasta sorpresa dal regalo inaspettato.

Le sorprendió el inesperado regalo.

Sono confuso sul nuovo software al lavoro.

Estoy confundido con el nuevo software en el trabajo.

È rilassato dopo una lunga passeggiata nel parco.

Está relajado tras un largo paseo por el parque.

Mi sento frustrata molto facilmente.

Me frustro con mucha facilidad.

È nervosa per una presentazione.

Está nerviosa por una presentación.

Sono orgogliosa della mia sorellina per aver vinto il concorso.

Estoy orgullosa de mi hermana pequeña por haber ganado el concurso.

Ha paura dei ragni.

Tiene miedo a las arañas.

Sono curioso di sapere cosa c'è nella scatola misteriosa.

Tengo curiosidad por saber qué hay en la caja misteriosa.

23. Rasgos de personalidad

Sono una persona amichevole.

Soy una persona amistosa.

È introversa e preferisce passare il tempo da sola.

Es introvertida y prefiere pasar tiempo a solas.

È estroverso e ama socializzare alle feste.

Es extrovertido y le gusta socializar en las fiestas.

Sono sicuro di me quando presento le mie idee alle riunioni.

Tengo confianza a la hora de exponer mis ideas en las reuniones.

È timida e non ama parlare davanti al pubblico.

Es tímida y no le gusta hablar delante del público.

Sono ambiziosa e mi impegno per raggiungere i miei obiettivi di carriera.

Soy ambicioso y me esfuerzo por alcanzar mis objetivos profesionales.

Può essere pigra nei fine settimana e le piace rilassarsi a casa.

Puede ser perezosa los fines de semana y le gusta relajarse en casa.

È responsabile e rispetta sempre le scadenze.

Es responsable y siempre cumple sus plazos.

È organizzata e mantiene il suo spazio di lavoro pulito e ordinato.

Es organizada y mantiene su espacio de trabajo limpio y ordenado.

Può essere un po' disorganizzato e spesso smarrisce le sue cose.

Puede ser un poco desorganizado y a menudo extravía sus cosas.

È impaziente quando aspetta in lunghe file.

Se impacienta cuando espera en largas colas.

Sono ottimista e credo in un risultato positivo.

Soy optimista y creo en un resultado positivo.

Tende ad essere pessimista e si aspetta il peggio dalle situazioni.

Tiende a ser pesimista y espera lo peor de las situaciones.

È modesta nonostante i suoi numerosi successi.

Es modesta a pesar de sus muchos logros.

A volte posso essere egoista, mettendo le mie esigenze al primo posto.

A veces puedo ser egoísta, anteponiendo mis propias necesidades.

24. Hablar de eventos pasados

Sono stato in Svezia l'anno scorso.

Estuve en Suecia el año pasado.

Non ero preparato a questo tipo di domanda.

No estaba preparado para este tipo de preguntas.

Ho fatto ciò che ritenevo giusto.

Hice lo que creí correcto.

Non l'ho fatto io.

Yo no lo hice.

Ho fatto i miei compiti.

Hice mis deberes.

Non sono mai stata a Cracovia.

Nunca he estado en Cracovia.

Hanno guardato un film insieme.

Vieron juntos una película.

Il concerto è iniziato alle 20.00.

El concierto comenzó a las 20.00 horas.

Mi sono laureata nel 2020.

Me gradué en la universidad en 2020.

Ha cucinato una cena deliziosa per noi.

Nos preparó una cena deliciosa.

Ieri abbiamo giocato a calcio nel parco.

Ayer jugamos al fútbol en el parque.

L'insegnante ha spiegato bene la lezione.

El profesor explicó bien la lección.

Hanno comprato una casa in periferia.

Compraron una casa en los suburbios.

Ho incontrato il mio vecchio amico al bar.

Me encontré con mi viejo amigo en el café.

Mi sono alzata e sono andata a correre.

Me levanté y salí a correr.

25. Debatir los planes de futuro

Lo farò domani.

Lo haré mañana.

Non sarò presente sabato.

No estaré allí el sábado.

Terminerò questo compito entro venerdì.

Terminaré esta tarea el viernes.

Domani assisterò a uno spettacolo aereo.

Mañana asistiré a un espectáculo aéreo.

L'azienda lancerà un nuovo prodotto lunedì prossimo.

La empresa lanzará un nuevo producto el próximo lunes.

Tra pochi giorni, annunceranno i vincitori del concorso.

Dentro de unos días anunciarán los ganadores del concurso.

Entro il 2050, gli scienziati prevedono progressi significativi nelle energie rinnovabili.

Para 2050, los científicos predicen avances significativos en las energías renovables.

Il mese prossimo, avrà finito di scrivere il suo romanzo.

El mes que viene habrá terminado de escribir su novela.

Entro la fine della settimana, avremo finalizzato il bilancio per il prossimo anno fiscale.

A finales de semana habremos ultimado el presupuesto para el próximo ejercicio.

Tra qualche anno, le auto elettriche probabilmente domineranno il mercato automobilistico.

Dentro de unos años, los coches eléctricos dominarán probablemente el mercado automovilístico.

Al suo arrivo, avremo già allestito la sala conferenze.

Cuando llegue, ya habremos preparado la sala de conferencias.

In futuro, le auto saranno autonome.

En el futuro, los coches serán autónomos.

La prossima estate, hanno in programma un viaggio alle Isole Canarie.

El próximo verano tienen previsto viajar a las Islas Canarias.

L'anno prossimo, conseguirà un master in informatica.

El año que viene cursará un máster en informática.

Queste elezioni daranno forma al Paese per i prossimi quattro anni.

Estas elecciones darán forma al país durante los próximos cuatro años.

26. Expresar la obligación y la necesidad

Dobbiamo finire il lavoro entro domani.

Tenemos que terminar el trabajo para mañana.

Ho una riunione alle 15.00.

Tengo una reunión a las 3 de la tarde.

Dovremmo iniziare a prepararci per l'esame in anticipo.

Deberíamos empezar a prepararnos para el examen con tiempo.

Dovrebbe scusarsi per il suo comportamento.

Debería disculparse por su comportamiento.

Dobbiamo consegnare il rapporto entro la fine della settimana.

Tenemos que entregar el informe antes de que acabe la semana.

È richiesta la partecipazione all'orientamento.

Se requiere la asistencia a la orientación.

Ho l'obbligo di seguire la politica aziendale.

Tengo la obligación de seguir la política de la empresa.

Quando si va in bicicletta, è obbligatorio indossare il casco.

Al montar en bicicleta, es obligatorio llevar casco.

L'esercizio fisico regolare è essenziale per una buona salute.

El ejercicio regular es esencial para gozar de buena salud.

Le pause regolari sono necessarie per la produttività.

Las pausas regulares son necesarias para la productividad.

Il programma di formazione è obbligatorio per tutti i dipendenti.

El programa de formación es obligatorio para todos los empleados.

A causa delle circostanze, è stato costretto a dimettersi.

Debido a las circunstancias, se vio obligado a dimitir.

Come studente, lei è vincolato alle regole della scuola.

Como estudiante, está obligado a cumplir las normas de la escuela.

Si sentiva obbligata ad aiutarlo.

Se sintió obligada a ayudarle.

Soddisfare le qualifiche richieste è fondamentale per il lavoro.

Reunir las cualificaciones requeridas es crucial para el puesto.

27. Aficiones

Mi piace leggere romanzi gialli nell'angolo intimo della mia stanza ogni sera.

Me encanta leer novelas de misterio en el acogedor rincón de mi habitación todas las noches.

Le piace scrivere poesie.

Le gusta escribir poesía.

I bambini hanno trascorso il pomeriggio a disegnare.

Los niños pasaron la tarde dibujando.

Suo figlio ha dipinto un quadro.

Su hijo pintó un cuadro.

Sua figlia ha scoperto la sua passione per la fotografia e ama catturare i momenti più belli con la sua macchina fotografica.

Su hija descubrió su pasión por la fotografía y le encanta capturar bellos momentos con su cámara.

Abbiamo trascorso il fine settimana cucinando una deliziosa lasagna fatta in casa.

Pasamos el fin de semana cocinando una deliciosa lasaña casera.

La coppia di anziani fa regolarmente giardinaggio.

La pareja de ancianos cultiva un huerto con regularidad.

Ha sorpreso tutti i presenti alla festa cantando una canzone soul con la sua bellissima voce.

Sorprendió a todos en la fiesta cantando una canción conmovedora con su hermosa voz.

Sua nipote colleziona monete rare di vari Paesi.

Su sobrina colecciona monedas raras de varios países.

La nonna passa le sue serate a lavorare a maglia per i suoi nipoti.

La abuela pasa las tardes tejiendo acogedores jerséis para sus nietos.

L'artista ha trascorso settimane a scolpire una statua magnifica.

El artista pasó semanas esculpiendo una magnífica estatua.

Dopo una giornata frenetica, trovo la pace meditando nella mia stanza.

Después de un día ajetreado, encuentro la paz meditando en mi habitación.

Ogni domenica, la famiglia si riunisce per giocare a scacchi o ad altri giochi da tavolo.

Todos los domingos, la familia se reúne para jugar al ajedrez o a otros juegos de mesa.

28. Decir la hora

Mi sono svegliata alle 6 del mattino e mi sono preparata per la giornata.

Me desperté a las 6 de la mañana y me preparé para el día.

Alle 7, ho fatto colazione con una tazza di caffè.

A las 7, desayuné con una taza de café.

Alle 8, sono uscita di casa per andare al lavoro.

A las 8, salí de casa para ir a trabajar.

Alle 9, avevo una riunione importante in ufficio.

A las 9, tenía una reunión importante en la oficina.

Alle 10, ho fatto una pausa e ho parlato con i colleghi.

A las 10, me tomé un descanso y hablé con los colegas.

Alle 11, ho continuato a lavorare sui miei compiti.

A las 11, seguí trabajando en mis tareas.

Alle 12, ho pranzato nella caffetteria dell'ufficio.

A las 12, almorcé en la cafetería de la oficina.

All'una e venti, ho pranzato a casa.

A la una y veinte almorcé en casa.

Alle 2 e 10, sono andata a fare una passeggiata.

A las 2 y 10 salí a dar un paseo.

Alle 15.15, ho studiato per i miei esami.

A las 3:15, estudié para mis exámenes.

Alle 4 meno un quarto, ho avuto una riunione online.

A las cuatro menos cuarto, tuve una reunión en línea.

Alle 5 e mezza, mi sono allenata in palestra.

A las 5 y media, hice ejercicio en el gimnasio.

Al mattino, ero stanca.

Por la mañana, estaba cansada.

Nel pomeriggio, ho incontrato i miei amici.

Por la tarde, me reuní con mis amigos.

La sera, leggo un libro.

Por la noche, leo un libro.

29. Expresiones temporales

Oggi ho una riunione.

Hoy tengo una reunión.

Stiamo organizzando un picnic per domani.

Estamos planeando un picnic para mañana.

Dopodomani inizieremo il nostro viaggio in auto.

Pasado mañana iniciaremos nuestro viaje por carretera.

Ieri sono andata a fare shopping al centro commerciale.

Ayer fui de compras al centro comercial.

L'altro ieri siamo andati al museo.

Anteayer fuimos al museo.

Prima vivevo in un'altra città.

Antes vivía en otra ciudad.

Sono impegnata con il lavoro in questo momento.

Ahora mismo estoy ocupado con el trabajo.

Possiamo discutere i dettagli in seguito.

Podemos discutir los detalles más adelante.

Il passato non può essere cambiato, ma possiamo imparare da esso.

El pasado no puede cambiarse, pero podemos aprender de él.

Pianificare il futuro è importante.

Planificar el futuro es importante.

Vivete nel presente e apprezzate ciò che avete.

Viva el presente y aprecie lo que tiene.

Bevo il caffè al mattino.

Bebo café por la mañana.

Incontriamoci a pranzo nel pomeriggio.

Quedemos para comer por la tarde.

La sera andiamo al cinema.

Vamos al cine por la noche.

Torno a casa tardi la sera.

Vuelvo a casa tarde por la noche.

30. En el restaurante

Il ristorante offre un menu vario.

El restaurante ofrece un menú variado.

Abbiamo deciso di iniziare il nostro pasto con una deliziosa salsa di spinaci e carciofi come antipasto.

Decidimos empezar nuestra comida con una deliciosa salsa de espinacas y alcachofas como aperitivo.

Non dimentichi di ordinare il dessert; la torta di lava al cioccolato è eccezionale.

No olvide pedir el postre; la tarta de chocolate y lava es excepcional.

Il cameriere ha consigliato una rinfrescante limonata alla menta come bevanda perfetta.

El camarero nos recomendó una refrescante limonada de menta como bebida perfecta.

Ordinare: Possiamo procedere con l'ordinazione? Sto morendo di fame.

Hacer un pedido: ¿Podemos seguir adelante y hacer nuestro pedido? Me muero de hambre.

Il cameriere ha fornito un servizio eccellente per tutta la sera.

El camarero prestó un servicio excelente durante toda la velada.

Preferiamo un tavolo tranquillo vicino alla finestra.

Preferimos una mesa tranquila junto a la ventana.

È un posto molto frequentato, per cui ho prenotato per la cena alle 19.00.

Es un lugar popular, así que hice una reserva para cenar a las 7 de la tarde.

Ci assicuriamo sempre di lasciare una mancia generosa per un servizio eccellente.

Siempre nos aseguramos de dejar una propina generosa por un servicio excelente.

Mi piace che il mio cibo sia mediamente piccante; non troppo delicato, né troppo piccante.

Me gusta que mi comida sea medianamente picante; ni demasiado suave, ni demasiado picante.

Il ristorante offre una varietà di deliziose opzioni vegetariane per coloro che non mangiano carne.

El restaurante tiene una variedad de deliciosas opciones vegetarianas para los que no comen carne.

Offrono una selezione di cocktail analcolici creativi per coloro che preferiscono non bere alcolici.

Ofrecen una selección de cócteles creativos sin alcohol para quienes prefieran no beber alcohol.

31. En el Café

La gentile barista ha fatto un bel disegno sul mio cappuccino.

El amable camarero hizo un bonito diseño en mi capuchino.

L'odore del caffè fresco mi faceva sentire bene.

El olor a café recién hecho me hacía sentir bien.

Mi sono seduta su una sedia comoda e mi sono goduta la bella musica di sottofondo.

Me senté en un cómodo sillón y disfruté de la agradable música que sonaba de fondo.

Il grande tabellone mostrava molte bevande e snack deliziosi tra cui scegliere.

La gran pizarra mostraba muchas bebidas y aperitivos deliciosos para elegir.

La persona al bancone mi ha suggerito la sua miscela di caffè speciale per la mia tazza mattutina.

La persona del mostrador me sugirió su mezcla especial de café para mi taza matutina.

Ho preso un giornale in un posto con tovaglioli e altro e mi sono seduta su una sedia comoda.

Cogí un periódico de un lugar con servilletas y cosas así y me senté en una silla cómoda.

La caffetteria era bella, con quadri e opere d'arte di artisti locali.

El café tenía un aspecto agradable, con cuadros y obras de arte de artistas locales.

Ho preso un delizioso croissant da mangiare con il mio caffè.

Conseguí un delicioso croissant para comer con mi café.

Ho usato il Wi-Fi per fare un po' di lavoro mentre bevevo il mio caffè.

Utilicé el Wi-Fi para trabajar un poco mientras me tomaba el café.

La caffetteria ha un programma che prevede dei premi per chi viene spesso.

La cafetería tiene un programa en el que te dan recompensas por venir mucho.

La macchina del caffè ha fatto rumore e mi ha dato il mio caffè forte e gustoso.

La cafetera hizo ruido y me dio mi café fuerte y sabroso.

Avevano tazze per portare con sé il caffè e coperchi per chiuderle.

Tenían tazas para llevarse el café y tapas para cerrarlas.

Il luogo era fresco, con immagini e opere d'arte realizzate da persone del posto.

El lugar tenía un aspecto genial, con cuadros y obras de arte realizadas por la población local.

Dato che venivo spesso, mi hanno dato una bevanda gratuita per il mio compleanno.

Como venía mucho, me dieron una bebida gratis el día de mi cumpleaños.

32. Ir de compras

Incontriamoci al centro commerciale e prendiamo un caffè prima di fare shopping di scarpe nuove.

Quedemos en el centro comercial y tomemos un café antes de comprar zapatos nuevos.

Il mercato contadino è un luogo ideale per acquistare frutta e verdura fresca.

El mercado del agricultor es un lugar estupendo para comprar frutas y verduras frescas.

Ho comprato questa giacca in saldo: era scontata del 50%!

Compré esta chaqueta en rebajas: ¡tenía un 50% de descuento!

Con il mio tesserino da studente, ho ottenuto uno sconto sui libri acquistati.

Con mi carné de estudiante, obtuve un descuento en los libros que compré.

Trovare un buon affare è sempre soddisfacente; ho ottenuto queste scarpe per una frazione del prezzo originale.

Encontrar una buena oferta siempre es satisfactorio; conseguí estos zapatos por una fracción del precio original.

Non dimentichi di prendere un carrello per trasportare tutta la spesa.

No olvide coger un carrito para llevar todas sus compras.

Abbiamo aspettato in fila alla cassa per pagare i nostri articoli.

Esperamos en la cola de la caja para pagar nuestros artículos.

La cassiera è stata cordiale e ci ha aiutato con il nostro acquisto.

La cajera fue amable y nos ayudó con nuestra compra.

Come cliente, apprezzo un buon servizio e prodotti di qualità.

Como cliente, aprecio el buen servicio y los productos de calidad.

Mia sorella ha fatto shopping e ha comprato vestiti, scarpe e accessori.

Mi hermana se fue de compras y compró ropa, zapatos y accesorios.

Mi piace acquistare le scarpe della mia marca preferita perché sono comode ed eleganti.

Me gusta comprar zapatos de mi marca favorita porque son cómodos y tienen estilo.

Questa boutique ha sempre abiti di tendenza e alla moda.

Esta boutique siempre tiene ropa moderna y a la moda.

Ho inserito il nuovo videogioco nella mia lista dei desideri, in modo da poterlo acquistare in seguito.

He puesto el nuevo videojuego en mi lista de deseos para poder comprarlo más adelante.

Porto con me una borsa riutilizzabile per trasportare i miei acquisti.

Llevo una bolsa reutilizable para transportar mis compras.

33. Ropa

Ho comprato una nuova camicia per il colloquio di lavoro.

Me he comprado una camisa nueva para la entrevista de trabajo.

Questi pantaloni sono troppo stretti; dovrei prendere una taglia più grande.

Estos pantalones me aprietan demasiado; debería coger una talla más grande.

Ha indossato un bel vestito per il matrimonio.

Llevó un bonito vestido a la boda.

Ha abbinato la camicetta con un paio di jeans eleganti.

Combinó la blusa con unos elegantes vaqueros.

Fuori fa freddo, quindi non dimentichi la giacca.

Hace frío fuera, así que no olvide su chaqueta.

Adoro accoccolarmi nel mio maglione preferito nelle giornate fredde.

Me encanta acurrucarme en mi jersey favorito en los días fríos.

Indossava una maglietta grafica per l'incontro informale.

Llevaba una camiseta gráfica a la reunión informal.

Ha avvolto una sciarpa colorata intorno al collo per riscaldarsi.

Se envolvió el cuello con una bufanda de colores para darse calor.

Indosso un cappello per proteggermi dal sole.

Llevo sombrero para protegerme del sol.

Non dimentichi di mettere in valigia calze extra per l'escursione.

No olvide llevar calcetines de repuesto para la caminata.

Queste scarpe sono perfette per una lunga giornata di escursioni.

Estas zapatillas son perfectas para un largo día de senderismo.

Si gela; devo indossare i guanti per stare al caldo.

Hace mucho frío; necesito llevar guantes para mantenerme caliente.

Ha indossato un cappotto elegante per l'inaugurazione della galleria d'arte.

Llevó un elegante abrigo a la inauguración de la galería de arte.

Aveva un aspetto professionale nel suo abito sartoriale, con cintura nera e cravatta abbinata.

Parecía profesional con su traje a medida, cinturón negro y corbata a juego.

Dopo una lunga giornata, mi piace rilassarmi nel mio pigiama preferito.

Después de un largo día, me gusta relajarme en mi pijama favorito.

34. Frutas

Ha una mela rossa nel suo pranzo.

Tiene una manzana roja en su almuerzo.

Mangia una banana ogni mattina.

Come un plátano cada mañana.

I bambini hanno sbucciato delle arance per uno spuntino.

Los niños han pelado naranjas para merendar.

Per dessert, prende delle fragole fresche.

De postre, toma fresas frescas.

Condividono fette di anguria al picnic.

Comparten rodajas de sandía en el picnic.

La pizza ha pezzi di ananas per un tocco di dolcezza.

La pizza lleva trozos de piña para darle un toque dulce.

Al mercato contadino ci sono pesche succose e mature.

El mercado del agricultor tiene melocotones jugosos y maduros.

La marmellata è fatta con prugne maturate al sole.

La mermelada se elabora con ciruelas maduradas al sol.

Taglia il kiwi nel suo yogurt ogni mattina.

Corta kiwi en su yogur cada mañana.

Spreme del limone fresco sul pesce alla griglia.

Exprime limón fresco sobre su pescado a la parrilla.

Una pila di pancake è condita con mirtilli.

Una pila de tortitas se cubre con arándanos.

Ci sono lamponi rossi maturi in giardino.

Hay frambuesas rojas maduras en el jardín.

Si gode una ciotola di ciliegie mentre legge.

Disfruta de un bol de cerezas mientras lee.

Sul tavolo della colazione c'è mezzo pompelmo per ogni ospite.

En la mesa del desayuno hay medio pomelo para cada invitado.

La crostata di pere è un dessert delizioso.

La tarta de pera es un postre delicioso.

35. Verduras

Le piace fare uno spuntino con carote croccanti.

Le gusta picar zanahorias crujientes.

Gli piace il purè di patate con burro per cena.

Le gusta el puré de patatas con mantequilla para cenar.

L'insalata è colorata con pomodori rossi maturi.

La ensalada es colorida con tomates rojos maduros.

Lo chef ha aggiunto delle cipolle per insaporire il piatto.

El chef añadió cebollas para dar sabor al plato.

La mamma cuoce i broccoli per un contorno salutare.

Mamá cocina brócoli al vapor como guarnición saludable.

Il frullato è verde e nutriente grazie agli spinaci.

El batido es verde y nutritivo con espinacas.

Aggiunge un cetriolo a fette alla sua insalata rinfrescante.

Añade rodajas de pepino a su refrescante ensalada.

Il panino è confezionato con foglie di lattuga fresca.

El sándwich lleva hojas de lechuga fresca.

Il cavolfiore arrostito è un piatto gustoso e semplice.

La coliflor asada es un plato sabroso y sencillo.

La zuppa è piena di piselli verdi dolci.

La sopa está rellena de guisantes verdes dulces.

Le zucchine grigliate sono un delizioso contorno estivo.

Los calabacines a la parrilla son una deliciosa guarnición de verano.

Il ravanello a fette aggiunge una nota piccante all'insalata.

El rábano en rodajas añade un toque picante a la ensalada.

La pasta è ricca di una salsa alla crema di funghi.

La pasta es rica con una salsa de crema de champiñones.

Lei griglia le pannocchie per il barbecue.

Asa mazorcas de maíz para la barbacoa.

Il sugo della pasta è insaporito dall'aglio tritato.

La salsa para pasta es sabrosa gracias al ajo picado.

36. Carne y pescado

Mi piace grigliare gli hamburger di manzo.

Me gusta asar hamburguesas con carne de vacuno.

La mamma era solita arrostire un grosso pezzo di maiale per la nostra cena di famiglia.

Mamá solía asar un gran trozo de cerdo para nuestra cena familiar.

La domenica di solito mangiamo il pollo fritto.

Los domingos solemos comer pollo frito.

La scorsa settimana abbiamo mangiato tacchino arrosto con salsa.

La semana pasada comimos pavo asado con salsa.

Per colazione ho mangiato un panino al prosciutto e salsicce.

Para desayunar comí un bocadillo de jamón y salchichas.

Papà ogni tanto griglia una gustosa bistecca.

Papá asa un sabroso filete de vez en cuando.

L'agnello arrosto della nonna è sempre gustoso.

El cordero asado de la abuela siempre está sabroso.

Il salmone alla griglia con limone ed erbe è una cena sana.

El salmón a la parrilla con limón y hierbas es una cena saludable.

Il tonno è popolare nel sushi e può essere servito scottato.

El atún es popular en el sushi y puede servirse chamuscado.

A me piace il pesce e le patatine con i filetti di merluzzo.

Me gusta mi "fish and chips" con filetes de bacalao.

I frutti di mare hanno sempre un buon sapore.

El marisco siempre sabe bien.

Abbiamo preso una trota durante la nostra gita di pesca.

Pescamos una trucha en nuestra excursión de pesca.

L'halibut al forno con salsa al burro d'aglio è gustoso e semplice.

El fletán al horno con salsa de mantequilla y ajo es sabroso y sencillo.

La tilapia è un pesce delicato, ottimo per una varietà di ricette.

La tilapia es un pescado suave que resulta ideal para una gran variedad de recetas.

I gamberi sono molto popolari in Italia.

Las gambas son populares en Italia.

37. Bebidas

Porto sempre con me una bottiglia d'acqua.

Siempre llevo una botella de agua.

L'acqua frizzante è una bevanda rinfrescante.

El agua con gas es una bebida refrescante.

Preferisco l'acqua liscia a quella frizzante.

Prefiero el agua sin gas al agua con gas.

Mi piace una birra fredda in una calda giornata estiva.

Me gusta una cerveza fría en un caluroso día de verano.

La mia bevanda preferita per la colazione è il succo d'arancia.

Mi bebida favorita para el desayuno es el zumo de naranja.

Mi piace iniziare la mattina con una tazza di tè caldo.

Me gusta empezar la mañana con una taza de té caliente.

Molte persone hanno bisogno di una tazza di caffè per svegliarsi al mattino.

Muchas personas necesitan una taza de café para despertarse por la mañana.

Un bicchiere di vino rosso si abbina bene ai piatti di pasta.

Un vaso de vino tinto combina bien con los platos de pasta.

Ai bambini viene spesso consigliato di bere un bicchiere di latte per avere ossa forti.

A menudo se aconseja a los niños que beban un vaso de leche para tener unos huesos fuertes.

Ai bambini viene spesso consigliato di bere un bicchiere di latte per avere ossa forti. La cioccolata calda è perfetta per riscaldarsi in una giornata invernale.

A menudo se aconseja a los niños beber un vaso de leche para tener unos huesos fuertes. El chocolate caliente es perfecto para entrar en calor en un día de invierno.

Festeggiamo le occasioni speciali con una bottiglia di champagne.

Celebramos las ocasiones especiales con una botella de champán.

La Cola è una bevanda gassata popolare in tutto il mondo.

La cola es una bebida carbonatada muy popular en todo el mundo.

In autunno, mi piace bere una tazza calda di sidro di mele.

En otoño, disfruto de una taza caliente de sidra de manzana.

Preferisco il tè verde al tè nero.

Prefiero el té verde al té negro.

Alcune persone scelgono di aumentare l'energia con una bevanda energetica.

Algunas personas optan por aumentar su energía con una bebida energética.

38. Otros alimentos

Versa un bicchiere di latte sui cereali ogni mattina.

Se echa un vaso de leche en los cereales todas las mañanas.

Spalma il burro su un toast caldo per una colazione deliziosa.

Unta mantequilla en tostadas calientes para un delicioso desayuno.

La pizza è condita con formaggio fuso e salsa di pomodoro.

La pizza se cubre con queso fundido y salsa de tomate.

Si gode una ciotola di yogurt con frutti di bosco freschi come dessert.

Disfruta de un bol de yogur con bayas frescas de postre.

Aggiunga un po' di panna al suo caffè per un sapore più ricco.

Añada un poco de nata al café para darle un sabor más intenso.

I bambini adorano una pallina di gelato al cioccolato.

A los niños les encanta una bola de helado de chocolate.

Aggiunge il ketchup alle patatine fritte per dare più sapore.

Añade ketchup a sus patatas fritas para darles más sabor.

Il panino è ricoperto da uno strato di maionese.

El sándwich se recubre con una capa de mayonesa.

Gli hot dog sono migliori con un pizzico di senape piccante.

Los perritos calientes son mejores con un chorrito de mostaza ácida.

Fa bollire un uovo per uno spuntino veloce e ricco di proteine.

Hierve un huevo para un tentempié rápido y repleto de proteínas.

Nessuna colazione è completa senza un piatto di uova strapazzate.

Ningún desayuno está completo sin un plato de huevos revueltos.

Sbuccia un uovo sodo da servire con l'insalata.

Pela un huevo duro para servirlo con su ensalada.

La sua colazione preferita è un uovo alla coque con pane tostato.

Su desayuno favorito es un huevo pasado por agua con pan tostado.

Il curry viene servito su un letto di riso bianco al vapore.

El curry se sirve sobre un lecho de arroz blanco cocido al vapor.

Cucina la pasta e la condisce con una salsa di pomodoro piccante.

Cocina pasta y la mezcla en una salsa de tomate picante.

39. Cocinar

Mescolare delicatamente la zuppa con un cucchiaio.

Remover suavemente la sopa con una cuchara.

Sbucciare le patate prima della cottura.

Pele las patatas antes de cocinarlas.

È importante tagliare le verdure in piccoli pezzi per l'insalata.

Es importante cortar las verduras en trozos pequeños para la ensalada.

Ho cucinato la pasta in questa pentola.

Cociné la pasta en esta olla.

Grigliare il pollo per circa 10 minuti su ogni lato o fino a cottura completa.

Ase el pollo unos 10 minutos por cada lado o hasta que esté bien cocido.

Preriscaldare il forno e cuocere i biscotti per 12 minuti.

Precaliente el horno y hornee las galletas durante 12 minutos.

Arrostire le verdure in forno fino a quando saranno tenere e caramellate.

Ase las verduras en el horno hasta que estén tiernas y caramelizadas.

Frigga il pesce in olio caldo fino a quando non sarà croccante e dorato.

Fría el pescado en aceite caliente hasta que esté crujiente y dorado.

Utilizzi un frullatore per frullare la frutta.

Utilice una batidora para licuar las frutas hasta obtener un batido.

Ho mescolato la farina, lo zucchero e le uova per preparare l'impasto della torta.

Mezclé la harina, el azúcar y los huevos para hacer la masa del pastel.

Impasta la pastella per circa 5 minuti, finché non diventa morbida e malleabile.

Amasar la masa durante unos 5 minutos hasta que esté blanda y flexible.

Tritare finemente l'aglio per aggiungerlo al sugo della pasta.

Pique finamente el ajo para añadirlo a la salsa de la pasta.

Condisco la bistecca con sale e pepe.

Sazono el filete con sal y pimienta.

Grattugiare un po' di formaggio da cospargere sulla pasta.

Ralle un poco de queso para espolvorearlo sobre la pasta.

Ho cotto i broccoli al vapore finché non sono diventati teneri.

Cociné el brócoli al vapor hasta que estuviera tierno.

40. Utensilios de cocina y electrodomésticos

Conservo i prodotti freschi e le bevande nel frigorifero per tenerli al fresco.

Guardo los productos frescos y las bebidas en el frigorífico para mantenerlos frescos.

Utilizzi una forchetta e un coltello per mangiare il pranzo.

Utilice un tenedor y un cuchillo para comer el almuerzo.

Mescolare la zuppa con un cucchiaio per amalgamare tutti i sapori.

Remueva la sopa con una cuchara para mezclar todos los sabores.

Posizionare il tagliere sul bancone prima di tagliare le cipolle.

Coloque la tabla de cortar sobre la encimera antes de picar las cebollas.

L'apriscatole è utile per aprire una lattina di salsa di pomodoro per la pasta.

El abrelatas resulta muy útil para abrir una lata de salsa de tomate para la pasta.

Servire la zuppa calda in una ciotola per mantenerla calda mentre si mangia.

Sirva la sopa caliente en un cuenco para mantenerla caliente mientras come.

Metta il pollo appena grigliato su un piatto prima di servirlo.

Coloque el pollo recién asado en un plato antes de servir.

Per aggiungere sapore alla sua pasta, utilizzi uno spremi aglio per aggiungere l'aglio tritato.

Para dar más sabor a su pasta, utilice una prensa de ajos para añadir ajo picado.

Sprema del succo d'arancia fresco con lo spremiagrumi per una bevanda rinfrescante.

Exprima zumo de naranja fresco con el exprimidor para obtener una bebida refrescante.

Faccia bollire l'acqua nel bollitore per preparare una rapida tazza di tè al mattino.

Hierva agua en la tetera para preparar una rápida taza de té por la mañana.

Inizi la sua giornata nel modo giusto preparando una tazza di caffè con la caffettiera.

Empiece bien el día preparándose una taza de café con la cafetera.

Preparare un frullato sano frullando frutta e yogurt.

Prepare un batido saludable licuando fruta y yogur.

Uso il microonde per riscaldare gli avanzi per un pasto facile e veloce.

Utilizo el microondas para calentar las sobras para una comida rápida y fácil.

Cucini la sua pasta preferita sul fornello a gas per un pasto soddisfacente.

Cueza su pasta favorita en el hornillo de gas para una comida satisfactoria.

41. Tareas domésticas

Ho spazzato il pavimento della cucina.

Barrí el suelo de la cocina.

Ho passato l'aspirapolvere sul tappeto del soggiorno.

Aspiré la alfombra del salón.

Pulisca la polvere dalle superfici con un panno.

Limpie el polvo de las superficies con un paño.

Faccio il bucato ogni sabato.

Lavo la ropa todos los sábados.

Stiro la mia camicia.

Plancho mi camisa.

Grazie per aver piegato i miei vestiti.

Gracias por doblar mi ropa.

Devo lavare i piatti dopo pranzo.

Tengo que fregar los platos después de comer.

Innaffio le piante ogni lunedì.

Riego las plantas todos los lunes.

Mio marito porta fuori la spazzatura ogni sera.

Mi marido saca la basura todas las noches.

Quando mi alzo, preparo il letto.

Cuando me levanto, hago la cama.

Ho cambiato una lampadina.

He cambiado una bombilla.

Devo tagliare il prato.

Tengo que cortar el césped.

Mio marito mi ha aiutato a pulire il bagno.

Mi marido me ayudó a limpiar el baño.

Stavo per potare la siepe intorno al cortile.

Iba a recortar el seto que rodea el patio trasero.

Devo far rimuovere la neve dal vialetto.

Necesito que retiren la nieve de la calzada.

42. Tipos de edificios

La nostra famiglia ha acquistato una casa accogliente con un ampio cortile.

Nuestra familia compró una casa acogedora con un gran patio trasero.

Sarah vive in un appartamento moderno nel cuore della città.

Sarah vive en un moderno apartamento en el corazón de la ciudad.

La casa indipendente alla fine della strada ha un bel giardino.

La casa unifamiliar al final de la calle tiene un bonito jardín.

La casa bifamiliare condivide un muro con il vicino.

La casa adosada comparte muro con el vecino.

La casa a schiera ha tre piani e un piccolo balcone.

La casa adosada tiene tres plantas y un pequeño balcón.

L'azienda conserva il suo inventario in un enorme magazzino alla periferia della città.

La empresa almacena sus existencias en un enorme almacén a las afueras de la ciudad.

La coppia benestante possiede una grande villa con ettari di terreno.

La rica pareja posee una gran mansión con acres de tierra.

L'edificio per uffici del centro ospita molte attività commerciali.

El edificio de oficinas del centro alberga muchas empresas.

Lo skyline della città è dominato da un imponente grattacielo.

El perfil de la ciudad está dominado por un imponente rascacielos.

I bambini studiano e giocano nella scuola vicina.

Los niños estudian y juegan en la escuela cercana.

L'ospedale è ben attrezzato per le emergenze.

El hospital está bien equipado para emergencias.

La tranquilla biblioteca è un luogo ideale per studiare.

La tranquila biblioteca es un lugar estupendo para estudiar.

Il museo espone manufatti di antiche civiltà.

El museo exhibe artefactos de civilizaciones antiguas.

Abbiamo prenotato una camera in un hotel confortevole per la nostra vacanza.

Reservamos una habitación en un hotel confortable para nuestras vacaciones.

L'antica chiesa ha dei bellissimi vetri colorati.

La antigua iglesia tiene hermosas vidrieras.

43. Habitaciones

Ci riuniamo nel soggiorno per guardare la TV e rilassarci.

Nos reunimos en el salón para ver la televisión y relajarnos.

Il mio letto si trova nella mia accogliente camera da letto e amo i miei soffici cuscini.

Mi cama está en mi acogedor dormitorio y me encantan mis mullidas almohadas.

La mamma prepara ogni giorno pasti deliziosi per noi in cucina.

Mamá nos prepara deliciosos platos en la cocina todos los días.

Il bagno ha un grande specchio, una doccia e una vasca da bagno.

El cuarto de baño tiene un gran espejo, una ducha y una bañera.

Ceniamo insieme come una famiglia nella sala da pranzo.

Cenamos juntos como una familia en el comedor.

La lavatrice e l'asciugatrice si trovano nella lavanderia.

La lavadora y la secadora están en el lavadero.

I bambini hanno una stanza dei giochi piena di giocattoli e giochi.

Los niños tienen una sala de juegos llena de juguetes y juegos.

La nonna soggiorna nella stanza degli ospiti quando viene a trovarci.

La abuela se queda en la habitación de invitados cuando nos visita.

Conserviamo le cose vecchie in soffitta, come album di foto e vestiti.

Guardamos cosas viejas en el desván, como álbumes de fotos y ropa.

Il seminterrato è un luogo fresco per giocare nelle calde giornate estive.

El sótano es un lugar fresco para jugar en los calurosos días de verano.

La mamma ha una cabina armadio con molte scarpe e vestiti.

Mamá tiene un vestidor con muchos zapatos y ropa.

Papà tiene l'auto in garage per proteggerla dalle intemperie.

Papá guarda el coche en el garaje para protegerlo de la intemperie.

Abbiamo allestito una piccola palestra nella stanza degli ospiti per i nostri allenamenti quotidiani.

Montamos un pequeño gimnasio en la habitación de invitados para nuestros entrenamientos diarios.

La cantina è il luogo in cui conserviamo la nostra collezione di vini pregiati.

La bodega es donde guardamos nuestra colección de vinos finos.

La cantina è il luogo in cui conserviamo la nostra collezione di vini pregiati.

La bodega es donde guardamos nuestra colección de vinos finos.

44. Muebles

Mi piace dormire sul mio comodo letto ogni notte.

Me encanta dormir en mi cómoda cama cada noche.

Ho un cuscino morbido che sostiene la mia testa mentre dormo.

Tengo una almohada blanda que me apoya la cabeza mientras duermo.

Di notte fa freddo, quindi uso sempre una coperta calda.

Por la noche hace frío, así que siempre uso una manta caliente.

Devo comprare un nuovo materasso.

Necesito comprar un colchón nuevo.

Tengo i miei libri preferiti sul comodino accanto al letto.

Guardo mis libros favoritos en la mesilla de noche junto a mi cama.

I miei vestiti sono ordinatamente piegati e riposti nella cassettiera.

Mi ropa está bien doblada y guardada en la cómoda.

L'armadio della mia stanza è pieno di vestiti.

El armario de mi habitación está lleno de mi ropa.

Mi controllo allo specchio prima di uscire dalla mia stanza.

Me miro en el espejo antes de salir de mi habitación.

Di notte chiudo le tende per la privacy e per bloccare la luce.

Cierro las cortinas por la noche para tener intimidad y bloquear la luz.

Tengo gli occhiali e un bicchiere d'acqua sul comodino.

Guardo mis gafas y un vaso de agua en la mesilla de noche.

Le lenzuola pulite rendono il letto fresco e invitante.

Unas sábanas limpias hacen que la cama resulte fresca y acogedora.

Ho un orologio a muro nella mia stanza per tenere traccia dell'ora.

Tengo un reloj de pared en mi habitación para controlar la hora.

La mia libreria è piena di romanzi, libri di testo e altro ancora.

Mi estantería está llena de novelas, libros de texto y mucho más.

Ho una comoda sedia nell'angolo per leggere o rilassarsi.

Tengo un cómodo sillón en un rincón para leer o relajarme.

Il cassetto del mio comodino contiene piccoli oggetti come quaderni e penne.

En el cajón de mi mesilla de noche guardo pequeños objetos como cuadernos y bolígrafos.

45. Cuarto de baño

Tengo lo spazzolino da denti nel supporto sul bancone del bagno.

Guardo mi cepillo de dientes en el soporte de la encimera del baño.

Si assicuri di spremere il dentifricio dal fondo del tubetto.

Asegúrese de exprimir la pasta de dientes desde el fondo del tubo.

Il dispenser di sapone vicino al lavandino è pieno di sapone liquido.

El dispensador de jabón cerca del fregadero está lleno de jabón líquido.

Il nuovo shampoo che ho acquistato ha un profumo rinfrescante.

El nuevo champú que compré tiene un aroma refrescante.

Ho appeso l'asciugamano bagnato sullo stendino per farlo asciugare dopo la doccia.

Colgué la toalla mojada en el perchero para que se secara después de ducharme.

L'asciugacapelli si trova nel cassetto superiore del mobile del bagno.

El secador de pelo está en el cajón superior del armario del baño.

Cambio la carta igienica quando è esaurita.

Cambio el papel higiénico cuando está bajo.

Lo specchio del bagno è ottimo per controllare il proprio aspetto.

El espejo del cuarto de baño es estupendo para comprobar su aspecto.

La tenda della doccia impedisce all'acqua di schizzare sul pavimento.

La cortina de ducha evita que el agua salpique el suelo.

Devo comprare una nuova macchina da barba.

Necesito comprar una nueva máquina de afeitar.

Applichi la crema da barba prima di usare il rasoio per una rasatura più liscia.

Aplique crema de afeitar antes de utilizar la maquinilla para conseguir un afeitado más suave.

Giri il rubinetto per regolare la temperatura dell'acqua.

Gire el grifo para ajustar la temperatura del agua.

Smaltisco gli oggetti usati nel cestino del bagno.

Desecho los artículos usados en la papelera del cuarto de baño.

Uso la bilancia per controllare regolarmente il mio peso.

Utilizo la báscula para comprobar mi peso con regularidad.

Uso un deodorante per ambienti per mantenere una fragranza piacevole in bagno.

Utilizo un ambientador para mantener una fragancia agradable en el cuarto de baño.

46. Dormitorio

Adoro il mio letto comodo, è così confortevole.

Me encanta mi cómoda cama; es muy confortable.

Gli piace dormire con due cuscini.

Le gusta dormir con dos almohadas.

Abbiamo una coperta calda per tenerci al caldo durante la notte.

Tenemos una manta caliente para mantenernos calentitos por la noche.

Cambio le lenzuola regolarmente.

Cambio las sábanas con regularidad.

Tiene gli occhiali sul comodino prima di andare a dormire.

Guarda sus gafas en la mesilla de noche antes de irse a dormir.

Uso una lampada morbida per leggere prima di andare a letto.

Utilizo una lámpara suave para leer antes de acostarme.

Imposta la sveglia per svegliarsi in tempo per il lavoro.

Pone el despertador para levantarse a tiempo para ir a trabajar.

Appendiamo i nostri vestiti in modo ordinato sulle grucce.

Colgamos la ropa ordenadamente en perchas.

Tengo le mie scarpe nell'armadio per tenerle organizzate.

Guardo mis zapatos en el armario para tenerlos organizados.

Al mattino apre le tende per far entrare la luce del sole.

Abre las cortinas por la mañana para dejar entrar la luz del sol.

Abbiamo un tappeto morbido vicino al letto.

Tenemos una alfombra suave cerca de la cama.

Tiene i suoi libri preferiti sulla libreria.

Guarda sus libros favoritos en la estantería.

Ho una lampada da lettura accanto al letto per la lettura serale.

Tengo una lámpara de lectura junto a la cama para leer por la noche.

Ho una comoda poltrona in camera da letto per rilassarmi.

Tengo un cómodo sillón en el dormitorio para relajarme.

Conservo i miei gioielli in una piccola scatola sul comò.

Guardo mis joyas en una cajita sobre la cómoda.

47. Alquilar un apartamento

Ho firmato un contratto di affitto per un appartamento.

Firmé el contrato de alquiler de un apartamento.

Il locatore è responsabile della risoluzione di eventuali problemi di manutenzione.

El propietario es responsable de arreglar cualquier problema de mantenimiento.

Il mio inquilino ha lasciato le chiavi sotto il tappeto.

Mi inquilino dejó las llaves debajo de la alfombra.

Si assicuri di leggere il contratto di locazione prima di trasferirsi.

Asegúrese de leer el contrato de alquiler antes de mudarse.

Il deposito cauzionale sarà restituito al momento del trasloco.

La fianza le será devuelta cuando se mude.

L'affitto mensile deve essere pagato il primo del mese.

El alquiler mensual vence el primer día del mes.

Le utenze, come l'elettricità e l'acqua, non sono incluse nell'affitto.

Los servicios como la electricidad y el agua no están incluidos en el alquiler.

Ci sarà un'ispezione al momento del trasloco per determinare eventuali danni esistenti.

Habrá una inspección de mudanza para determinar cualquier daño existente.

Verifichi con il proprietario prima di subaffittare l'appartamento a qualcun altro.

Consulte con el propietario antes de subarrendar el apartamento a otra persona.

Stiamo valutando di rinnovare il contratto di locazione per un altro anno.

Estamos considerando renovar el contrato de alquiler por un año más.

Non ha pagato l'affitto ed è stato sfrattato.

No pagó el alquiler y fue desahuciado.

Il complesso dispone di ottimi servizi, tra cui una piscina e una palestra.

El complejo cuenta con estupendos servicios, como piscina y gimnasio.

L'appartamento sarà arredato.

El apartamento estará amueblado.

È previsto un preavviso di 30 giorni prima del trasloco.

Hay que avisar con 30 días de antelación antes de mudarse.

Il quartiere è tranquillo e sicuro.

El barrio es tranquilo y seguro.

48. Viajar

La nostra destinazione da sogno è un'isola tropicale con spiagge di sabbia bianca.

Nuestro destino soñado es una isla tropical con playas de arena blanca.

Non dimentichi di convalidare il suo biglietto!

¡No olvide validar su billete!

Il mio passaporto scade a dicembre.

Mi pasaporte caduca en diciembre.

Verifichi se ha bisogno di un visto prima di recarsi in un Paese straniero.

Compruebe si necesita visado antes de viajar a un país extranjero.

Ho appena effettuato una prenotazione online per un volo.

Acabo de hacer una reserva en línea para un vuelo.

Metta in valigia solo l'essenziale per rendere il suo viaggio più confortevole.

Empaque sólo lo esencial para que su viaje sea más cómodo.

È una buona idea cambiare la valuta prima di partire per evitare qualsiasi inconveniente.

Es una buena idea cambiar de divisa antes de partir para evitar inconvenientes.

Verifichi il tasso di cambio attuale per vedere quanta valuta locale otterrà con il suo denaro.

Compruebe el tipo de cambio actual para saber cuánta moneda local obtendrá por su dinero.

Come turista, si prenda del tempo per esplorare la cultura e le tradizioni locali.

Como turista, dedique tiempo a explorar la cultura y las tradiciones locales.

Utilizzi una guida per trovare le migliori attrazioni e ristoranti della zona.

Utilice una guía para encontrar las mejores atracciones y restaurantes de la zona.

Pianifichi il suo itinerario in anticipo per sfruttare al meglio il suo tempo durante il viaggio.

Planifique su itinerario con antelación para aprovechar al máximo el tiempo durante el viaje.

Acquisti un bellissimo souvenir fatto a mano per ricordare la sua visita alla città storica.

Adquiera un bonito recuerdo hecho a mano para recordar su visita a la ciudad histórica.

La Torre Eiffel è un famoso punto di riferimento di Parigi.

La Torre Eiffel es un famoso monumento de París.

Se viaggia in una destinazione soleggiata, non dimentichi di applicare la protezione solare per proteggere la sua pelle.

Si viaja a un destino soleado, no olvide aplicarse crema solar para proteger su piel.

49. Pedir indicaciones

Segua le indicazioni per la direzione giusta verso il centro città.

Siga las indicaciones para llegar al centro de la ciudad.

Dopo due isolati, giri a sinistra al semaforo per raggiungere il parco.

Después de dos manzanas, gire a la izquierda en el semáforo para llegar al parque.

Continui su questa strada e vada dritto fino a vedere il grande edificio blu sulla destra.

Continúe por esta calle y siga recto hasta que vea el gran edificio azul a su derecha.

Giri a sinistra all'angolo e troverà il negozio di alimentari a un isolato di distanza.

Gire a la izquierda en la esquina y encontrará la tienda de comestibles a una manzana.

Se supera la biblioteca, è andato troppo lontano; giri a destra all'incrocio successivo.

Si pasa por delante de la biblioteca, habrá ido demasiado lejos; gire a la derecha en el siguiente cruce.

L'hotel si trova all'incrocio tra Main Street e Oak Avenue.

El hotel se encuentra en la intersección de Main Street y Oak Avenue.

L'incrocio è molto trafficato, quindi faccia attenzione quando attraversa.

La intersección está muy transitada, así que tenga cuidado al cruzar.

Attenda che il semaforo diventi verde prima di girare a destra.

Espere a que el semáforo cambie a verde antes de girar a la derecha.

Il museo si trova nella stessa strada dell'ufficio postale, a pochi edifici di distanza.

El museo está en la misma calle que la oficina de correos, sólo unos edificios más abajo.

Percorra il viale alberato e troverà il caffè alla sua sinistra.

Camine por la avenida arbolada y encontrará el café a su izquierda.

Cammini per due isolati e giri a destra per trovare la fermata dell'autobus.

Camine dos manzanas y gire a la derecha para encontrar la parada de autobús.

La panetteria si trova all'angolo tra Elm Street e Pine Avenue.

La panadería está situada en la esquina de Elm Street y Pine Avenue.

Il cerchio del traffico è un modo efficiente per navigare nel traffico del centro.

La glorieta es una forma eficaz de sortear el tráfico del centro de la ciudad.

Consulti la mappa per trovare il percorso più veloce per raggiungere la stazione.

Consulte el mapa para encontrar la ruta más rápida a la estación.

50. Montar en bicicleta

Vado a scuola in bicicletta.

Voy a la escuela en bicicleta.

Utilizzi i piedi per pedalare e far avanzare la bicicletta.

Utilice los pies para pedalear y hacer avanzar la bicicleta.

Tenga il manubrio per guidare la bicicletta nella giusta direzione.

Sujete el manillar para dirigir la bicicleta en la dirección correcta.

Indosso sempre il casco quando vado in bicicletta.

Siempre llevo casco cuando monto en bicicleta.

Cambi le marce per facilitare la pedalata in salita.

Cambie de marcha para facilitar el pedaleo en las subidas.

Mantenga la catena della sua bicicletta ben lubrificata per una pedalata fluida.

Mantenga la cadena de su bicicleta bien lubricada para un pedaleo suave.

Applichi leggermente i freni per rallentare o fermare la bicicletta.

Aplique ligeramente los frenos para ralentizar o detener la moto.

Controlli la pressione degli pneumatici prima di guidare.

Compruebe la presión de los neumáticos antes de circular.

La ruota anteriore aiuta a sterzare, mentre la ruota posteriore è alimentata dalla pedalata.

La rueda delantera le ayuda a dirigir, mientras que la trasera se impulsa pedaleando.

Regoli l'altezza della sella per una posizione di guida confortevole.

Ajuste la altura del sillín para una posición de conducción cómoda.

Il telaio è la struttura principale della sua bicicletta.

El cuadro es la estructura principal de su bicicleta.

Utilizzi il campanello per avvisare gli altri quando si sta avvicinando.

Utilice la campana para avisar a los demás cuando se acerque.

Utilizzi una pompa per gonfiare gli pneumatici quando si bucano.

Utilice una bomba para inflar los neumáticos cuando se desinflen.

Per sicurezza, vada in bicicletta sulla pista ciclabile.

Por seguridad, circule en bicicleta por el carril bici.

Utilizzi il cavalletto per mantenere la bicicletta in posizione verticale quando è parcheggiata.

Utilice el caballete para mantener la moto en posición vertical cuando esté aparcada.

51. Coches

Accesi il motore e andai al negozio.

Arranqué el motor y conduje hasta la tienda.

Ha notato una gomma a terra mentre andava al lavoro.

Ha pinchado una rueda de camino al trabajo.

Ha schiacciato i freni per fermarsi al semaforo rosso.

Frenó en seco para detenerse en el semáforo en rojo.

Abbiamo fatto il pieno di benzina prima di prendere l'autostrada.

Llenamos el depósito de gasolina antes de salir a la autopista.

La mia auto ha un basso chilometraggio.

Mi coche tiene poco kilometraje.

Ha acceso i fari quando si è fatto buio.

Encendió los faros cuando oscureció.

Ha regolato lo specchietto retrovisore per una migliore visibilità.

Ha ajustado el espejo retrovisor para mejorar la visibilidad.

Ho acceso il condizionatore d'aria per raffreddare l'auto.

Encendió el aire acondicionado para enfriar el coche.

Per sicurezza, usi sempre la cintura di sicurezza.

Utilice siempre el cinturón de seguridad por seguridad.

Conservo i miei documenti nel vano portaoggetti.

Guardo mis documentos en la guantera.

Controlli lo specchietto laterale prima di cambiare corsia.

Compruebe su retrovisor lateral antes de cambiar de carril.

Ero sollevata di sapere che l'airbag mi avrebbe protetto.

Me alivió saber que el airbag me protegería.

Ha urtato accidentalmente l'auto che lo precedeva nel parcheggio.

Chocó accidentalmente con el coche que tenía delante en el aparcamiento.

Si assicuri di chiudere bene la portiera dell'auto.

Asegúrese de cerrar bien la puerta del coche.

Ho tirato il freno d'emergenza mentre parcheggiavo in collina.

Tiré del freno de emergencia mientras aparcaba en la colina.

52. Viajar en autobús

Prendo l'autobus per andare al lavoro tutti i giorni.

Cojo el autobús para ir a trabajar todos los días.

Si assicuri di acquistare il biglietto prima di salire sull'autobus.

Asegúrese de comprar un billete antes de subir al autobús.

L'orario dell'autobus mostra gli orari di arrivo e di partenza.

El horario de autobuses muestra cuándo llega y sale el autobús.

L'autobus segue un percorso specifico.

El autobús sigue una ruta específica.

Devo scendere alla prossima fermata.

Tengo que bajarme en la siguiente parada.

Gli autobus spesso iniziano o terminano il loro viaggio in un terminal degli autobus.

Los autobuses suelen comenzar o terminar su trayecto en una terminal de autobuses.

Salire a bordo dell'autobus è facile; basta mostrare all'autista il biglietto.

Subir al autobús es fácil; sólo tiene que mostrar al conductor su billete.

La partenza dell'autobus è ritardata di 10 minuti.

La salida del autobús se retrasa 10 minutos.

L'arrivo dell'autobus è previsto per le 15.00.

Se espera que el autobús llegue a las 15:00.

Il conducente è responsabile del trasporto sicuro dei passeggeri.

El conductor es responsable del transporte seguro de los pasajeros.

La tariffa per un viaggio di sola andata è di 2 dollari.

La tarifa para un viaje de ida es de 2 dólares.

Se deve cambiare autobus, potrebbe aver bisogno di un biglietto di trasferimento.

Si necesita cambiar de autobús, es posible que necesite un billete de transbordo.

Controlli l'orario per vedere quando arriverà il prossimo autobus.

Consulte el horario para saber cuándo llegará el próximo autobús.

Gli autobus sono importanti per il trasporto pubblico.

Los autobuses son un importante medio de transporte público.

Gli autobus rendono comodo il viaggio verso il lavoro o la scuola.

Los autobuses hacen que los desplazamientos al trabajo o a la escuela sean cómodos.

53. Viajar en tren

Ho preso un autobus dalla fermata vicino a casa mia fino al centro città.

Tomé un autobús desde la parada cercana a mi casa hasta el centro de la ciudad.

Si assicuri di aspettare il treno sul binario giusto.

Asegúrese de que espera su tren en el andén correcto.

Ho controllato gli orari dei treni per trovare il momento migliore per viaggiare.

Comprobé el horario del tren para encontrar la mejor hora para viajar.

La tariffa è ragionevole per un biglietto ferroviario di sola andata.

La tarifa es razonable para un billete de tren de ida.

L'autista dell'autobus è responsabile della guida sicura dell'autobus fino a destinazione.

El conductor del autobús es responsable de conducirlo con seguridad hasta su destino.

Il conduttore controlla i biglietti e assiste i passeggeri durante il viaggio.

El revisor comprueba los billetes y asiste a los pasajeros durante el viaje.

Abbiamo trovato uno scompartimento confortevole sul treno per il nostro viaggio.

Hemos encontrado un cómodo compartimento en el tren para nuestro viaje.

Il nostro treno parte alle 14.30.

Nuestro tren sale a las 14:30 horas.

Ho dovuto prendere un altro treno per raggiungere la mia destinazione finale.

Tuve que hacer transbordo a otro tren para llegar a mi destino final.

Il treno offre ottimi collegamenti con diverse città della regione.

El tren tiene excelentes conexiones con varias ciudades de la región.

Il mio itinerario prevede soste in tre città diverse.

Mi ruta incluye paradas en tres ciudades diferentes.

I passeggeri devono trovarsi sul binario all'arrivo del treno.

Los pasajeros deben estar en el andén cuando llegue el tren.

Il treno locale si ferma ad ogni stazione.

El tren de cercanías para en todas las estaciones.

L'ispettore dei biglietti ha controllato i nostri biglietti durante il viaggio.

El revisor comprobó nuestros billetes durante el viaje.

Il treno ha un ritardo di circa 5 minuti.

El tren se retrasa unos 5 minutos.

54. Transporte aéreo

Ci vediamo all'aeroporto.

Me reuniré con usted en el aeropuerto.

L'imbarco inizierà tra 30 minuti.

El embarque comenzará en 30 minutos.

L'orario di partenza è alle 14:00.

La hora de salida es a las 14:00.

Avrà bisogno del passaporto per i voli internazionali.

Necesitará su pasaporte para los vuelos internacionales.

Ha dovuto passare i controlli di sicurezza prima di entrare nell'area di imbarco.

Tuvo que pasar por seguridad antes de entrar en la zona de embarque.

Dovrà sdoganarsi quando arriva in un nuovo Paese.

Tendrá que pasar por la aduana cuando llegue a un nuevo país.

Ho fatto il check-in online per risparmiare tempo in aeroporto.

Hice la facturación en línea para ahorrar tiempo en el aeropuerto.

Tenga pronta la carta d'imbarco.

Tenga preparada su tarjeta de embarque.

È possibile che si verifichino delle turbolenze durante il volo.

Es posible que experimente algunas turbulencias durante el vuelo.

Il mio volo è stato ritardato di due ore.

Mi vuelo se retrasó dos horas.

Abbiamo un breve scalo a Chicago.

Tenemos una corta escala en Chicago.

Incontriamoci al terminal al momento dell'atterraggio.

Reúnase conmigo en la terminal al aterrizar.

L'aereo sta rullando sulla pista.

El avión está rodando por la pista.

Il pilota fornisce aggiornamenti durante il volo.

El piloto proporciona actualizaciones durante el vuelo.

Chiami un assistente di volo se ha bisogno di assistenza.

Llame a un auxiliar de vuelo si necesita ayuda.

55. En un hotel

Ho chiamato e prenotato una stanza.

Llamé y reservé una habitación.

Possiamo fare il check-in in hotel dopo le 15:00.

Podemos registrarnos en el hotel después de las 15:00.

Dobbiamo fare il check-out entro le 11:00 di domani.

Debemos registrarnos antes de las 11:00 de mañana.

La nostra camera ha due letti e una televisione.

Nuestra habitación tiene dos camas y un televisor.

La chiave elettronica apre la porta della nostra camera.

La tarjeta llave abre la puerta de nuestra habitación.

L'hotel dispone di una piscina e di una palestra a disposizione degli ospiti.

El hotel cuenta con una piscina y un gimnasio para uso de los huéspedes.

Possiamo collegarci a Internet utilizzando il Wi-Fi dell'hotel.

Podemos conectarnos a Internet utilizando el Wi-Fi del hotel.

Ho ordinato del cibo e me lo sono fatto consegnare in camera.

Pedí comida y me la entregaron en mi habitación.

Chiediamo il conto al momento del check-out.

Pida la factura cuando pasemos por caja.

Portate il foglio che dice che abbiamo prenotato una stanza.

Traiga el papel que dice que reservamos una habitación.

Abbiamo prenotato una camera con un letto king size.

Reservamos una habitación con cama king-size.

Veda se possiamo cancellare la prenotazione, se necessario.

Averigüe si podemos cancelar la reserva en caso necesario.

Possiamo mangiare diversi cibi al buffet della colazione.

Podemos comer diferentes alimentos en el bufé del desayuno.

Controllare cosa dicono gli altri dell'hotel prima di prenotare.

Comprobar lo que dicen otras personas sobre el hotel antes de reservar.

Per sicurezza, può conservare i suoi oggetti di valore nella cassaforte della camera.

Puede guardar sus objetos de valor en la caja fuerte de la habitación por seguridad.

56. Escuela

Vado a scuola tutti i giorni.

Voy a la escuela todos los días.

Studiamo in un'aula con il nostro insegnante.

Estudiamos en un aula con nuestro profesor.

Il nostro insegnante ci aiuta a imparare cose nuove.

Nuestro profesor nos ayuda a aprender cosas nuevas.

Sono una studentessa della terza classe.

Soy estudiante de tercer curso.

Abbiamo i compiti a casa dopo la scuola.

Tenemos deberes después de la escuela.

Utilizziamo i libri di testo per imparare diverse materie.

Utilizamos libros de texto para aprender diferentes materias.

Ho bisogno di una matita per scrivere sul mio quaderno.

Necesito un lápiz para escribir en mi cuaderno.

Scrivo gli appunti e i compiti in un quaderno.

Escribo mis notas y deberes en un cuaderno.

Porto i miei libri nello zaino.

Llevo mis libros en la mochila.

Possiamo prendere in prestito i libri dalla biblioteca della scuola.

Podemos sacar libros de la biblioteca escolar.

Il preside è responsabile della scuola.

El director está a cargo de la escuela.

Alcune scuole hanno un'uniforme che gli studenti devono indossare.

Algunas escuelas tienen un uniforme que los alumnos deben llevar.

Abbiamo dei test per verificare ciò che abbiamo imparato.

Tenemos pruebas para comprobar lo que hemos aprendido.

Gli insegnanti ci danno dei voti per mostrare quanto stiamo facendo bene.

Los profesores nos ponen notas para mostrar lo bien que lo estamos haciendo.

Non ha superato un esame di termodinamica.

Suspendió un examen de termodinámica.

57. Asignaturas escolares

La matematica è la mia materia scolastica preferita.

Las matemáticas son mi asignatura favorita.

La biologia ci insegna a conoscere gli organismi viventi.

La biología nos enseña sobre los organismos vivos.

La comprensione delle reazioni chimiche è importante in chimica.

Comprender las reacciones químicas es importante en química.

La fisica aiuta a spiegare le leggi che governano l'universo.

La física ayuda a explicar las leyes que rigen el universo.

La geografia mi aiuta a comprendere i paesaggi globali.

La geografía me ayuda a comprender los paisajes globales.

Sono affascinata dalla storia delle civiltà antiche.

Me fascina la historia de las civilizaciones antiguas.

L'educazione fisica mi mantiene attiva.

La educación física me mantiene activa.

Studio lo spagnolo come lingua straniera.

Estudio español como lengua extranjera.

Il coding e la programmazione fanno parte dell'informatica.

La codificación y la programación forman parte de la informática.

Imparare a suonare il pianoforte fa parte delle mie lezioni di musica.

Aprender a tocar el piano forma parte de mis clases de música.

Lo studio dell'economia ci insegna a conoscere i sistemi finanziari.

El estudio de la economía nos enseña sobre los sistemas financieros.

In questo corso di scienze discutiamo di questioni ambientali.

En este curso de ciencias debatimos cuestiones medioambientales.

L'apprendimento della nutrizione fa parte dell'educazione alla salute.

Aprender sobre nutrición forma parte de la educación sanitaria.

La psicologia ci aiuta a comprendere il comportamento umano e la mente.

La psicología nos ayuda a comprender el comportamiento humano y la mente.

Nella filosofia, contempliamo la natura fondamentale dell'esistenza.

En filosofía, contemplamos la naturaleza fundamental de la existencia.

58. Material escolar

Uso quaderni diversi per ogni materia per rimanere organizzata.

Utilizo cuadernos diferentes para cada asignatura para mantenerme organizada.

Tengo sempre alcune penne nello zaino per prendere appunti veloci.

Siempre llevo unos cuantos bolígrafos en la mochila para tomar notas rápidas.

Le matite sono essenziali per la matematica e il disegno.

Los lápices son esenciales para las matemáticas y el dibujo.

Uso gli evidenziatori per segnare le informazioni importanti nei miei libri di testo.

Utilizo subrayadores para marcar la información importante en mis libros de texto.

Le gomme sono utili per correggere gli errori nei miei compiti.

Las gomas de borrar me vienen muy bien para corregir los errores de mis deberes.

Tengo i miei appunti di classe organizzati in raccoglitori separati.

Guardo mis apuntes de clase organizados en carpetas separadas.

Il mio zaino contiene tutto il materiale scolastico e i libri.

En mi mochila llevo todo mi material escolar y mis libros.

Una calcolatrice è utile per risolvere i problemi di matematica.

Una calculadora es útil para resolver problemas matemáticos.

Uso un righello per tracciare linee rette nei miei disegni e diagrammi.

Utilizo una regla para trazar líneas rectas en mis dibujos y diagramas.

Le forbici sono utili per ritagliare immagini o per fare dei lavoretti.

Las tijeras son útiles para recortar dibujos o hacer manualidades.

Uso la colla per attaccare le immagini ai miei progetti.

Utilizo pegamento para pegar fotos a mis proyectos.

La pinzatrice è essenziale per mantenere i miei documenti organizzati.

La grapadora es esencial para mantener mis papeles organizados.

Le graffette mi aiutano a tenere insieme i miei documenti.

Los clips me ayudan a mantener juntos mis papeles.

Le cartelle mi aiutano a organizzare i fogli sciolti nello zaino.

Las carpetas me ayudan a organizar los papeles sueltos en la mochila.

Uso una lavagna bianca per fare brainstorming e prendere appunti veloci.

Utilizo una pizarra blanca para hacer lluvias de ideas y tomar notas rápidas.

59. Matemáticas

Mi piace risolvere problemi di addizione come 2 più 3.

Me gusta resolver problemas de suma como 2 más 3.

La sottrazione è quando si toglie, come ad esempio 8 meno 5.

La resta es cuando se quita, como 8 menos 5.

La moltiplicazione è un'addizione ripetuta, come 4 volte 6.

La multiplicación es una suma repetida, como 4 por 6.

La divisione serve per raggruppare, come ad esempio 10 ÷ 2.

La división sirve para agrupar, como 10 ÷ 2.

Risolva l'equazione 3 + x = 7 per trovare il valore di x.

Resuelva la ecuación 3 + x = 7 para hallar el valor de x.

In matematica, una variabile è spesso rappresentata da una lettera, come "a".

En matemáticas, una variable suele representarse con una letra, como la "a".

La formula per l'area di un rettangolo è lunghezza per larghezza.

La fórmula del área de un rectángulo es longitud por anchura.

Cinque è il mio numero preferito.

El cinco es mi número favorito.

Una frazione è una parte di un intero.

Una fracción es una parte de un todo.

Un decimale è un modo per esprimere parti di un intero, come 0,75.

Un decimal es una forma de expresar partes de un todo, como 0,75.

Il calcolo ci aiuta a capire i tassi di cambiamento e il movimento.

El cálculo nos ayuda a comprender las tasas de cambio y el movimiento.

Una funzione mette in relazione un ingresso con un'uscita, come ad esempio f(x) = 2x.

Una función relaciona una entrada con una salida, como f(x) = 2x.

Un esponente indica quante volte un numero viene moltiplicato per se stesso, ad esempio 2^3.

Un exponente indica cuántas veces se multiplica un número por sí mismo, como 2^3.

La radice quadrata di 9 è 3.

La raíz cuadrada de 9 es 3.

Un rapporto mette a confronto le grandezze di due quantità, come ad esempio 3:1.

Una proporción compara las magnitudes de dos cantidades, como 3:1.

60. Formas

La cornice alla parete è un rettangolo.
El marco de la foto en la pared es un rectángulo.

Il tavolo ha un piano quadrato.
La mesa tiene un tablero cuadrado.

Il tetto della casa è trapezoidale.
El tejado de la casa es trapezoidal.

La pizza sul piatto è un cerchio.
La pizza en el plato es un círculo.

La lattina di soda è un cilindro.
La lata de refresco es un cilindro.

Il cono stradale è arancione e a punta.
El cono de tráfico es naranja y puntiagudo.

Il libro sullo scaffale è un parallelogramma.
El libro de la estantería es un paralelogramo.

Il tappeto del soggiorno è rettangolare.
La moqueta del salón es rectangular.

Il tavolo da pranzo ha un piano circolare in vetro.
La mesa de comedor tiene un tablero circular de cristal.

Il parco ha una fontana quadrata al centro.
El parque tiene una fuente cuadrada en el centro.

Il quadro è appeso orizzontalmente sopra il divano.
El cuadro cuelga horizontalmente sobre el sofá.

L'asta della bandiera è alta e verticale.
El mástil de la bandera es alto y vertical.

La camicia che ho comprato è a righe bianche e blu.
La camisa que compré es a rayas azules y blancas.

La coperta da picnic è a quadri.
La manta de picnic es a cuadros.

La coccinella ha dei puntini neri sul dorso rosso.
La mariquita tiene puntos negros en su espalda roja.

61. Universidad

Sto frequentando l'università per proseguire gli studi superiori.

Asisto a la universidad para cursar estudios superiores.

Sto lavorando per una laurea in psicologia.

Estoy trabajando para obtener un título en psicología.

La mia specializzazione è in informatica, con una concentrazione nella programmazione.

Mi especialidad es la informática, con especialización en programación.

I professori tengono dei corsi all'università.

Los profesores imparten clases en la universidad.

L'anno accademico ha due termini.

El año académico tiene dos trimestres.

Ho un compito da completare per il mio corso di letteratura.

Tengo que hacer un trabajo para mi clase de literatura.

Dedico del tempo alla ricerca per il mio progetto di tesi.

Dedico tiempo a investigar para mi proyecto de tesis.

La stesura di una tesi è un requisito per la laurea.

Escribir una tesis es un requisito para graduarse.

Frequento le conferenze per imparare dagli esperti del settore.

Asisto a conferencias para aprender de expertos en la materia.

Abbiamo esami finali alla fine di ogni semestre.

Tenemos exámenes finales al final de cada semestre.

Il campus universitario è grande e ha molti edifici.

El campus universitario es grande y tiene muchos edificios.

Spesso studio nella biblioteca universitaria.

A menudo estudio en la biblioteca de la universidad.

Alcuni studenti vivono in un dormitorio o in una residenza.

Algunos estudiantes viven en un dormitorio o residencia.

La retta copre il costo dell'istruzione.

La matrícula cubre el coste de la educación.

Ho ricevuto una borsa di studio per i miei risultati accademici.

Recibí una beca por mis logros académicos.

62. Campos de estudio

Sta studiando Economia Aziendale per imparare a gestire un'azienda.

Está estudiando Administración de Empresas para aprender a dirigir un negocio.

La psicologia è lo studio del comportamento umano.

La psicología es el estudio del comportamiento humano.

Molti studenti scelgono la specializzazione in infermieristica per prepararsi a una carriera nell'assistenza sanitaria.

Muchos estudiantes eligen la enfermería como especialidad para prepararse para una carrera en la atención sanitaria.

I laureati in Scienze Politiche spesso analizzano le strutture e le politiche governative.

Las carreras de Ciencias Políticas suelen analizar las estructuras y políticas gubernamentales.

I laureati in contabilità si concentrano sulla tenuta dei registri e sull'analisi finanziaria.

Las carreras de contabilidad se centran en el mantenimiento y el análisis de registros financieros.

La sociologia è lo studio della società.

La sociología es el estudio de la sociedad.

I laureati in Comunicazione sviluppano abilità nell'espressione scritta e orale efficace.

Las especialidades de comunicación desarrollan habilidades de expresión escrita y oral eficaces.

I laureati in Storia scavano nel passato per comprendere gli eventi e il loro significato.

Los licenciados en Historia se adentran en el pasado para comprender los acontecimientos y su significado.

I laureati in Scienze Ambientali esplorano i modi per proteggere il pianeta.

Los estudiantes de Ciencias Medioambientales exploran formas de proteger el planeta.

Gli studenti di ingegneria applicano i principi scientifici per progettare e costruire sistemi.

Los estudiantes de ingeniería aplican principios científicos para diseñar y construir sistemas.

I laureati in salute pubblica si concentrano sulla promozione del benessere delle comunità.

Las especializaciones en salud pública se centran en promover el bienestar de las comunidades.

63. Profesiones

I medici curano e si occupano della salute dei pazienti.

Los médicos tratan y cuidan la salud de los pacientes.

Gli ingegneri progettano e costruiscono varie strutture e sistemi.

Los ingenieros diseñan y construyen diversas estructuras y sistemas.

Gli insegnanti educano e guidano gli studenti in diverse materie.

Los profesores educan y guían a los alumnos en diversas materias.

Gli avvocati forniscono consulenza legale.

Los abogados ofrecen asesoramiento jurídico.

Gli agenti di polizia mantengono la legge e l'ordine e garantiscono la sicurezza pubblica.

Los agentes de policía mantienen la ley y el orden y garantizan la seguridad pública.

I contabili conservano i registri finanziari e ne garantiscono l'accuratezza.

Los contables mantienen los registros financieros y garantizan su exactitud.

Gli elettricisti installano e riparano le apparecchiature elettriche.

Los electricistas instalan y reparan equipos eléctricos.

Gli idraulici lavorano su tubi e impianti per i sistemi di acqua e gas.

Los fontaneros trabajan en las tuberías y las instalaciones de los sistemas de agua y gas.

Gli architetti progettano edifici e strutture.

Los arquitectos diseñan edificios y estructuras.

Gli infermieri forniscono cure e assistenza ai pazienti nelle strutture sanitarie.

Las enfermeras proporcionan cuidados y asistencia a los pacientes en los centros sanitarios.

I vigili del fuoco rispondono agli incendi e ad altre emergenze per salvare vite umane.

Los bomberos responden a los incendios y otras emergencias para salvar vidas.

I piloti gestiscono gli aerei e garantiscono la sicurezza dei viaggi aerei.

Los pilotos manejan los aviones y garantizan la seguridad de los viajes aéreos.

I dentisti si concentrano sulla salute orale e trattano i problemi dentali.

Los dentistas se centran en la salud bucodental y tratan los problemas dentales.

I giornalisti riportano notizie e storie per vari media.

Los periodistas informan sobre noticias e historias para diversos medios de comunicación.

Gli psicologi studiano il comportamento e forniscono assistenza per la salute mentale.

Los psicólogos estudian el comportamiento y prestan atención a la salud mental.

64. Entrevista de trabajo

Ho fatto un curriculum con la mia storia lavorativa e scolastica.

Hice un currículum con mi historial laboral y escolar.

Domani ho un colloquio di lavoro per un posto nell'agenzia di marketing.

Mañana tengo una entrevista de trabajo para un puesto en la agencia de marketing.

Il datore di lavoro ha deciso di tagliare 300 posti di lavoro.

El empresario ha decidido suprimir 300 puestos de trabajo.

Le mie qualifiche includono una laurea e competenze informatiche.

Mis cualificaciones incluyen un título universitario y conocimientos informáticos.

Ho buone capacità di comunicazione e so usare un foglio di calcolo.

Tengo buenas dotes de comunicación y sé utilizar una hoja de cálculo.

Ho un'esperienza lavorativa grazie al mio precedente lavoro presso il negozio.

Tengo experiencia laboral de mi trabajo anterior en la tienda.

Indosserò abiti eleganti, come camicia e pantaloni, per il colloquio.

Llevaré ropa bonita, como camisa y pantalones, a la entrevista.

Darò al datore di lavoro una referenza del mio vecchio capo.

Le daré al empleador una referencia de mi antiguo jefe.

Se faccio bene, potrei essere assunta e iniziare a lavorare la prossima settimana.

Si lo hago bien, puede que me contraten y empiece a trabajar la semana que viene.

Offrono uno stipendio competitivo.

Ofrecen un salario competitivo.

Il lavoro per cui mi sto candidando è quello di contabile.

El puesto que solicito es el de contable.

Ho scritto una lettera di presentazione in cui spiego perché voglio il lavoro.

He escrito una carta de presentación explicando por qué quiero el puesto.

Uno dei miei punti di forza è che sono brava a risolvere i problemi.

Uno de mis puntos fuertes es que se me da bien resolver problemas.

Sto lavorando per migliorare il mio punto debole, che è il parlare in pubblico.

Estoy trabajando para mejorar mi punto débil, que es hablar en público.

Mi piace il lavoro di squadra e ho lavorato in un team nel mio ultimo lavoro.

Me gusta el trabajo en equipo y en mi último trabajo trabajé en equipo.

65. Tecnología

Non dimentichi di collegare il caricabatterie prima che la batteria si scarichi.

No olvide enchufar el cargador antes de que se agote la batería.

Lo schermo del mio nuovo telefono è luminoso e chiaro.

La pantalla de mi nuevo teléfono es brillante y clara.

Ho scaricato una nuova app per monitorare il mio esercizio quotidiano.

Me he descargado una nueva aplicación para hacer un seguimiento de mi ejercicio diario.

La batteria del mio telefono dura tutto il giorno senza essere ricaricata.

La batería de mi teléfono dura todo el día sin cargarse.

La fotocamera dell'ultimo smartphone scatta foto fantastiche.

La cámara del último smartphone hace fotos magníficas.

Uso le cuffie per ascoltare la musica senza disturbare gli altri.

Utilizo auriculares para escuchar música sin molestar a los demás.

Il microfono del telefono è chiaro durante le chiamate.

El micrófono del teléfono es claro durante las llamadas.

Ho usato un cavo USB per caricare il mio telefono.

Utilicé un cable USB para cargar mi teléfono.

Gli aggiornamenti regolari del software migliorano la funzionalità dei miei dispositivi.

Las actualizaciones periódicas del software mejoran la funcionalidad de mis dispositivos.

Preferisco utilizzare una tastiera virtuale sul mio smartphone.

Prefiero utilizar un teclado virtual en mi smartphone.

Uso un mouse wireless sul mio computer portatile per facilitare la navigazione.

Utilizo un ratón inalámbrico en mi portátil para facilitar la navegación.

Il mio computer portatile è essenziale per il lavoro e l'intrattenimento.

Mi portátil es esencial para el trabajo y el entretenimiento.

Mi piace leggere gli e-book sul mio tablet nel tempo libero.

Me gusta leer libros electrónicos en mi tableta en mi tiempo libre.

La console di gioco offre ore di intrattenimento.

La videoconsola proporciona horas de entretenimiento.

Un processore veloce fa funzionare il mio computer senza problemi.

Un procesador rápido hace que mi ordenador funcione sin problemas.

66. Literatura

Ho appena finito di leggere un romanzo d'avventura emozionante.

Acabo de terminar de leer una emocionante novela de aventuras.

Ha scritto una bellissima poesia sulla natura e le sue meraviglie.

Escribió un hermoso poema sobre la naturaleza y sus maravillas.

L'autore del libro è noto per la scrittura di misteri avvincenti.

La autora del libro es conocida por escribir misterios apasionantes.

La trama della storia si è dipanata con colpi di scena inaspettati.

La trama de la historia se desarrolló con giros inesperados.

Il personaggio principale del romanzo ha affrontato molte sfide.

El personaje principal de la novela se enfrentó a muchos retos.

Mi piace leggere libri di genere fantascientifico.

Me gusta leer libros del género de ciencia ficción.

Il protagonista della storia è un giovane detective coraggioso.

El protagonista de la historia es un joven y valiente detective.

L'antagonista ha creato ostacoli per il protagonista.

El antagonista creó obstáculos para el protagonista.

Il conflitto tra i due personaggi ha creato suspense nella storia.

El conflicto entre los dos personajes creó suspense en la historia.

Il poeta ha usato una metafora per descrivere la bellezza del tramonto.

El poeta utilizó una metáfora para describir la belleza de la puesta de sol.

Il dialogo tra i personaggi ha rivelato le loro personalità.

El diálogo entre los personajes reveló sus personalidades.

Il narratore in prima persona ha condiviso le sue esperienze personali.

El narrador en primera persona compartió sus experiencias personales.

La storia è stata raccontata da un punto di vista unico in prima persona.

La historia estaba narrada desde un punto de vista único en primera persona.

Lo stile di scrittura dell'autore è poetico e descrittivo.

El estilo de escritura del autor era poético y descriptivo.

Le immagini vivide del testo hanno dipinto un quadro vivido nella mia mente.

Las vívidas imágenes del texto pintaron un cuadro vívido en mi mente.

67. Teatro

Stasera andremo a teatro.

Esta noche iremos al teatro.

L'attore ha fornito un'eccellente performance nel ruolo principale.

El actor realizó una excelente interpretación en el papel protagonista.

Il regista ha guidato il cast per dare vita all'opera.

El director guió al reparto para dar vida a la obra.

Gli attori si sono esibiti su un palco splendidamente decorato.

Los actores actuaron en un escenario bellamente decorado.

Il copione forniva il dialogo e le istruzioni per gli attori.

El guión proporcionaba el diálogo y las instrucciones para los actores.

La scena drammatica ha mantenuto l'attenzione del pubblico.

La dramática escena mantuvo la atención del público.

Gli attori indossavano costumi elaborati che si adattavano ai loro personaggi.

Los actores llevaban elaborados trajes que hacían juego con sus personajes.

Il pubblico entusiasta ha applaudito dopo l'atto finale.

El entusiasta público aplaudió tras el acto final.

Il cast ha avuto una lunga prova per perfezionare la sua performance.

El reparto tuvo un largo ensayo para perfeccionar su actuación.

Gli attori hanno offerto una performance eccellente che ha ricevuto recensioni entusiastiche.

Los actores ofrecieron una interpretación excelente que recibió críticas muy favorables.

La commedia ha fatto ridere tutti a crepapelle.

La comedia hizo que todo el mundo se partiera de risa.

La tragedia ha lasciato il pubblico in lacrime alla fine.

La tragedia dejó al público llorando al final.

L'improvvisazione dell'attore ha aggiunto un elemento spontaneo e divertente.

La improvisación del actor añadió un elemento espontáneo y divertido.

Le scene di danza sono state splendidamente coreografate.

Las escenas de baile estaban bellamente coreografiadas.

In quanto appassionata di teatro, assisto a ogni nuova produzione.

Como ávido aficionado al teatro, asisto a cada nueva producción.

68. Cine

Andiamo al cinema stasera.

Vayamos al cine esta noche.

Schermo: Lo schermo è così grande che è emozionante!

La pantalla: La pantalla es tan grande que resulta emocionante.

A che ora inizia il nuovo film?

¿A qué hora empieza la nueva película?

Prendo sempre i popcorn quando vado al cinema.

Siempre compro palomitas cuando voy al cine.

Prendiamo degli spuntini prima dell'inizio del film.

Vamos a comer algo antes de que empiece la película.

Il pubblico ha applaudito alla fine del film.

El público aplaudió al final de la película.

La trama del film era molto interessante.

La trama de la película era muy interesante.

La scena romantica è stata la mia parte preferita.

La escena romántica fue mi parte favorita.

Quale genere di film preferisce: azione o commedia?

¿Qué género de película prefiere: acción o comedia?

Ho letto molte recensioni positive di questo film.

He leído muchas críticas positivas de esta película.

La prima del film è stata un evento ricco di star.

El estreno de la película fue un acontecimiento repleto de estrellas.

La colonna sonora esalta l'atmosfera del film.

La banda sonora realza el ambiente de la película.

Ho sentito che stanno facendo un sequel di questo film.

He oído que van a hacer una secuela de esta película.

La sceneggiatura era ben scritta e coinvolgente.

El guión estaba bien escrito y era atractivo.

Il casting del film è stato perfetto.

El reparto de la película fue perfecto.

69. Música

Ascolto la musica mentre lavoro.

Escucho música mientras trabajo.

Questa nuova canzone è orecchiabile e divertente da cantare.

Esta nueva canción es pegadiza y divertida de cantar.

Il mio artista preferito si esibirà in un concerto la prossima settimana.

Mi artista favorito actúa en un concierto la semana que viene.

La band ha appena pubblicato un nuovo album con grandi canzoni.

La banda acaba de sacar un nuevo álbum con grandes canciones.

Mi piacciono diversi tipi di musica, dal pop al rock.

Me gustan diferentes tipos de música, desde el pop hasta el rock.

Il testo di questa canzone è significativo ed emotivo.

La letra de esta canción es significativa y emotiva.

La melodia del pianoforte in questa canzone è bellissima.

La melodía del piano en esta canción es preciosa.

L'armonia delle voci nel coro è impressionante.

La armonía de las voces del coro es impresionante.

Questa canzone mi fa venire voglia di ballare.

Esta canción me da ganas de bailar.

Il ritmo della batteria stabilisce il ritmo della canzone.

El ritmo de la batería marca el ritmo de la canción.

Imparare a suonare la chitarra è molto emozionante.

Aprender a tocar la guitarra es muy emocionante.

Questo fine settimana andremo a un concerto in centro.

Este fin de semana iremos a un concierto en el centro.

La voce della cantante è così potente e soul.

La voz de la cantante es tan poderosa y conmovedora.

Canti con il ritornello: è la parte più orecchiabile!

Cante con el estribillo, ¡es la parte más pegadiza!

Ho creato una playlist per il mio viaggio in auto con tutte le mie canzoni preferite.

Hice una lista de reproducción para mi viaje por carretera con todas mis canciones favoritas.

70. Artes

Apprezzo diverse forme d'arte, dalla pittura alla scultura.

Aprecio diferentes formas de arte, desde la pintura a la escultura.

Il pittore ha trascorso settimane per creare questo dipinto.

El pintor pasó semanas creando este cuadro.

Il pittore ha utilizzato una grande tela per creare un murale vibrante.

El pintor utilizó un gran lienzo para crear un mural vibrante.

Il dipinto esposto cattura la bellezza della natura.

El cuadro expuesto capta la belleza de la naturaleza.

La scultura nel parco è in bronzo ed è alta.

La escultura del parque es de bronce y se mantiene en pie.

Abbiamo visitato una galleria d'arte per vedere le ultime mostre.

Visitamos una galería de arte para ver las últimas exposiciones.

La mostra d'arte presentava una collezione diversificata di opere contemporanee.

La exposición de arte presentaba una variada colección de obras contemporáneas.

L'artista ha mescolato diversi colori sulla tavolozza prima di iniziare.

El artista mezcló diferentes colores en la paleta antes de empezar.

Mi piace fare disegni a matita nel tempo libero.

Me gusta hacer dibujos a lápiz en mi tiempo libre.

La composizione del dipinto è armoniosa.

La composición del cuadro es armoniosa.

Lo stile realista dell'artista fa sembrare il dipinto realistico.

El estilo realista del artista hace que el cuadro parezca real.

La galleria si concentra sull'esposizione di arte contemporanea.

La galería se centra en mostrar arte contemporáneo.

Artisti diversi apportano una prospettiva unica al loro lavoro.

Cada artista aporta una perspectiva única a su trabajo.

Il ritratto ha catturato la personalità e le emozioni del soggetto.

El retrato captó la personalidad y las emociones del sujeto.

Ha un talento naturale e artistico per creare cose belle.

Tiene un talento natural y artístico para crear cosas bellas.

71. Plataformas de streaming

Ho appena sottoscritto un nuovo abbonamento allo streaming.

Acabo de suscribirme a un nuevo servicio de streaming.

Ho sempre voluto guardare questa serie.

Siempre quise ver esta serie.

Questa serie ha tre stagioni.

Esta serie tiene tres temporadas.

La nuova serie ha dieci episodi nella sua prima stagione.

La nueva serie cuenta con diez episodios en su primera temporada.

Preferisco guardare i contenuti online piuttosto che scaricarli.

Prefiero ver los contenidos en línea antes que descargarlos.

Ho aggiunto alcuni film alla mia coda di visione.

He añadido algunas películas a mi cola de visionado.

Può consigliarmi un buon documentario?

¿Puede recomendarme un buen documental?

La data di uscita della nuova stagione è il mese prossimo.

La fecha de estreno de la nueva temporada es el mes que viene.

La piattaforma di streaming ha milioni di spettatori in tutto il mondo.

La plataforma de streaming cuenta con millones de espectadores en todo el mundo.

Il costo dell'abbonamento mensile è abbastanza ragionevole.

La cuota mensual de suscripción es bastante razonable.

Con un abbonamento premium, avrà accesso a tutti i film.

Con una suscripción Premium, tendrá acceso a todas las películas.

Ho dimenticato la password per l'account di streaming.

He olvidado mi contraseña para la cuenta de streaming.

Ogni membro della famiglia ha il proprio profilo sul servizio di streaming.

Cada miembro de la familia tiene su propio perfil en el servicio de streaming.

Può scaricare gli episodi per guardarli offline.

Puede descargar los episodios para verlos sin conexión.

Ho cancellato la mia iscrizione perché trovavo i film e gli spettacoli noiosi.

Cancelé mi afiliación porque las películas y los programas me parecían aburridos.

72. Geografía

L'Africa è il secondo continente più grande del mondo.

África es el segundo continente más grande del mundo.

Il Giappone è noto per il suo ricco patrimonio culturale.

Japón es conocido por su rico patrimonio cultural.

La Foresta Amazzonica si trova nella regione del Sud America.

La selva amazónica está situada en la región de América del Sur.

Vive in una città.

Vive en una ciudad.

Abbiamo deciso di trasferirci in campagna e di vivere una vita tranquilla.

Decidimos trasladarnos al campo y vivir una vida tranquila.

La capitale della Francia è Parigi.

La capital de Francia es París.

La Cina ha la popolazione più numerosa del mondo.

China tiene la mayor población del mundo.

Il confine tra gli Stati Uniti e il Messico è attualmente chiuso.

La frontera entre Estados Unidos y México está actualmente cerrada.

La provincia di Alberta, in Canada, è nota per i suoi splendidi paesaggi.

La provincia de Alberta, en Canadá, es conocida por sus bellos paisajes.

Questo Paese è una federazione di regioni autonome indipendenti.

Este país es una federación de regiones autónomas independientes.

Lo Stato messicano di Jalisco è famoso per il suo contributo alla musica mariachi.

El estado mexicano de Jalisco es famoso por sus aportaciones a la música de mariachi.

Il meridiano primo, con una longitudine di 0 gradi, passa per Greenwich, a Londra.

El primer meridiano, con una longitud de 0 grados, pasa por Greenwich, Londres.

L'Equatore è una linea immaginaria di 0 gradi di latitudine che divide la Terra in emisfero settentrionale e meridionale.

El Ecuador es una línea imaginaria de 0 grados de latitud que divide la Tierra en los hemisferios norte y sur.

Il quartiere finanziario di New York City, sede di molti grattacieli iconici.

El distrito financiero de Nueva York, hogar de muchos rascacielos emblemáticos.

73. Países

Gli Stati Uniti hanno una cultura del successo e dell'imprenditorialità.

Estados Unidos tiene una cultura de éxito y espíritu empresarial.

L'Australia ha una fauna unica, tra cui i canguri e i koala.

Australia cuenta con una fauna única, como canguros y koalas.

Il Canada è noto per la sua bellezza naturale.

Canadá es conocido por su belleza natural.

La Gran Bretagna, con la sua ricca storia, è composta da Inghilterra, Scozia e Galles.

Gran Bretaña, con su rica historia, está formada por Inglaterra, Escocia y Gales.

La Francia è nota per la sua arte, la sua cucina e i suoi luoghi simbolo come la Torre Eiffel.

Francia es conocida por su arte, gastronomía y lugares emblemáticos como la Torre Eiffel.

La Germania è nota per le sue capacità ingegneristiche e per le celebrazioni dell'Oktoberfest.

Alemania es conocida por su capacidad de ingeniería y las celebraciones del Oktoberfest.

La Spagna è famosa per i suoi vivaci festival, le bellissime spiagge e l'architettura storica.

España es famosa por sus animados festivales, sus hermosas playas y su arquitectura histórica.

L'Italia è nota per la sua cucina deliziosa, l'arte e le antiche rovine.

Italia es conocida por su deliciosa cocina, su arte y sus antiguas ruinas.

La Polonia ha una ricca storia ed è nota per la sua architettura medievale.

Polonia tiene una rica historia y es conocida por su arquitectura medieval.

Le città storiche del Portogallo attirano turisti da tutto il mondo.

Las ciudades históricas de Portugal atraen a turistas de todo el mundo.

La Russia è il Paese più grande del mondo.

Rusia es el país más grande del mundo.

Con la sua storia antica e le sue conquiste moderne, la Cina è una potenza globale.

Con su historia antigua y sus logros modernos, China es una potencia mundial.

L'India è nota per le sue diverse culture, religioni e una cucina deliziosa.

La India es conocida por sus diversas culturas, religiones y deliciosa cocina.

74. Naturaleza

Il Monte Everest è la montagna più alta del mondo.

El monte Everest es la montaña más alta del mundo.

Il fiume Nilo è uno dei fiumi più lunghi del mondo e attraversa l'Egitto.

El río Nilo es uno de los más largos del mundo y atraviesa Egipto.

Il lago Baikal in Siberia è uno dei laghi più profondi del mondo.

El lago Baikal, en Siberia, es uno de los lagos más profundos del mundo.

L'Oceano Pacifico è l'oceano più grande della Terra.

El océano Pacífico es el más grande de la Tierra.

Il deserto del Sahara è un deserto dell'Africa.

El desierto del Sáhara es un desierto de África.

La Foresta Amazzonica è una foresta pluviale tropicale.

La selva amazónica es una selva tropical.

Il Canada ha un clima diverso, che va dall'artico al temperato.

Canadá tiene un clima diverso, que va del ártico al templado.

L'altopiano del Deccan è un altopiano dell'India.

La meseta del Decán es una meseta de la India.

La Penisola Iberica comprende la Spagna e il Portogallo.

La Península Ibérica incluye España y Portugal.

Le Hawaii sono un gruppo di isole.

Hawai es un grupo de islas.

La costa orientale degli Stati Uniti è spesso colpita dagli uragani.

La costa este de Estados Unidos es azotada a menudo por huracanes.

Sta navigando con la sua barca a vela nella baia.

Está navegando con su velero por la bahía.

La spiaggia ha sabbia dorata e acqua blu.

La playa tiene arena dorada y agua azul.

Ci piace esplorare la foresta tranquilla e vedere gli alberi.

Nos encanta explorar el tranquilo bosque y ver los árboles.

Il prato è pieno di fiori colorati e farfalle.

La pradera está llena de coloridas flores y mariposas.

75. Fuentes de energía

Le fonti di energia rinnovabili fanno bene all'ambiente.

Las fuentes de energía renovables son buenas para el medio ambiente.

Abbiamo installato dei pannelli solari sul nostro tetto.

Hemos instalado paneles solares en nuestro tejado.

L'energia eolica viene generata dalle turbine eoliche.

La energía eólica es generada por los aerogeneradores.

L'energia idroelettrica utilizza l'energia dell'acqua che scorre per generare elettricità.

La energía hidroeléctrica utiliza la energía del agua que fluye para generar electricidad.

L'energia da biomassa viene prodotta da materiali organici come il legno e i rifiuti vegetali.

La energía de la biomasa se produce a partir de materiales orgánicos como la madera y los residuos de cultivos.

Le centrali geotermiche utilizzano il calore dell'interno della terra per generare elettricità.

Las centrales geotérmicas utilizan el calor del interior de la tierra para generar electricidad.

Le centrali nucleari utilizzano le reazioni nucleari per generare elettricità.

Las centrales nucleares utilizan reacciones nucleares para generar electricidad.

I combustibili fossili, come il carbone, il gas naturale e il petrolio, sono la fonte primaria di energia al giorno d'oggi.

Los combustibles fósiles, como el carbón, el gas natural y el petróleo, son la principal fuente de energía en la actualidad.

Molte centrali elettriche bruciano ancora carbone.

Muchas centrales eléctricas siguen quemando carbón.

Il gas naturale è un combustibile fossile più pulito, utilizzato per il riscaldamento e l'elettricità.

El gas natural es un combustible fósil de combustión más limpia que se utiliza para calefacción y electricidad.

Il petrolio è un'importante fonte di energia per i trasporti e i processi industriali.

El petróleo es una importante fuente de energía para el transporte y los procesos industriales.

I biocarburanti, come l'etanolo, derivano da materiali organici e sono utilizzati come alternativa ai carburanti tradizionali.

Los biocombustibles, como el etanol, se derivan de materiales orgánicos y se utilizan como alternativa a los combustibles tradicionales.

76. Catástrofes naturales

Il terremoto ha scosso la terra e ha fatto oscillare gli edifici.

El terremoto sacudió el suelo y provocó el balanceo de los edificios.

L'uragano ha portato forti venti e piogge intense nella zona costiera.

El huracán trajo fuertes vientos y lluvias torrenciales a la zona costera.

Il tornado ha girato violentemente, squarciando la città e causando distruzione.

El tornado giró violentamente, arrasando la ciudad y causando destrucción.

Le forti piogge hanno causato inondazioni, sommergendo case e strade.

Las fuertes lluvias provocaron inundaciones, sumergiendo viviendas y carreteras.

Il terremoto sottomarino ha causato un enorme tsunami che ha inondato le aree costiere.

El terremoto submarino provocó un tsunami masivo que inundó las zonas costeras.

L'eruzione vulcanica ha sputato cenere e lava, ricoprendo i villaggi vicini.

La erupción volcánica arrojó ceniza y lava, cubriendo los pueblos cercanos.

L'incendio si è propagato rapidamente attraverso la foresta secca, consumando tutto ciò che incontrava sul suo cammino.

El incendio forestal se propagó rápidamente por el bosque seco, consumiendo todo a su paso.

Il forte boato segnalò una valanga che seppellì il fianco della montagna di neve.

El fuerte rugido señaló una avalancha que enterró la ladera de la montaña en nieve.

La bufera ha portato neve pesante e venti forti, creando condizioni di whiteout.

La ventisca trajo nieve abundante y fuertes vientos, creando condiciones de tormenta blanca.

La siccità prolungata ha prosciugato fiumi e laghi, causando carenza d'acqua.

La prolongada sequía secó ríos y lagos, provocando escasez de agua.

Le forti piogge hanno causato una frana che ha bloccato la strada di montagna.

Las fuertes lluvias provocaron un corrimiento de tierras que bloqueó la carretera de montaña.

Il temporale ha portato lampi, tuoni e pioggia intensa.

La tormenta trajo relámpagos, truenos y fuertes lluvias.

L'ondata di calore ha provocato temperature elevate, causando disagio e problemi di salute.

La ola de calor provocó altas temperaturas, causando malestar y problemas de salud.

I forti venti hanno trasportato la sabbia, creando una tempesta di sabbia vorticosa nel deserto.

Los fuertes vientos arrastraban arena, creando una tormenta de arena arremolinada en el desierto.

77. Animales

Il cane fedele scodinzolava con entusiasmo.

El perro leal movió la cola con entusiasmo.

Il gatto giocherellone rincorreva una palla colorata per tutta la stanza.

El gato juguetón perseguía una pelota de colores por la habitación.

I pesci nuotavano nell'acquario.

Los peces nadaban en el acuario.

Un uccello ha cinguettato sull'albero fuori dalla mia finestra.

Un pájaro gorjeó en el árbol que había frente a mi ventana.

Il cavallo galoppò attraverso il campo aperto.

El caballo galopó por el campo abierto.

La mucca stava pascolando tranquillamente nel prato.

La vaca pastaba tranquilamente en el prado.

Il maiale si rotolava nel fango.

El cerdo se revolcaba en el barro.

L'elefante spruzzava acqua con la proboscide.

El elefante salpicaba agua con su trompa.

Il feroce leone ruggì forte nella riserva di caccia.

El feroz león rugía con fuerza en la reserva de caza.

La tigre correva attraverso la fitta giungla.

El tigre corrió a través de la densa jungla.

Una giraffa allunga il collo per raggiungere i rami alti.

Una jirafa estiró el cuello para alcanzar ramas altas.

Le scimmie dispettose si dondolavano da un albero all'altro della giungla.

Los traviesos monos se balanceaban de árbol en árbol en la selva.

L'orso era alla ricerca di cibo nella foresta in autunno.

El oso buscaba comida en el bosque en otoño.

La rana verde si sedette vicino allo stagno e gracidò dolcemente.

La rana verde se sentó junto al estanque y croó suavemente.

La tartaruga che si muove lentamente stava prendendo il sole su una roccia vicino allo stagno.

La tortuga, que se movía lentamente, estaba tomando el sol en una roca cerca del estanque.

78. Árboles y flores

L'antica quercia offre un'ombra fresca nel parco.

El roble centenario proporciona una sombra fresca en el parque.

In autunno, i colori delle foglie di acero creano un paesaggio straordinario.

En otoño, los colores de las hojas de arce crean un paisaje impresionante.

Il fresco profumo di pino riempiva l'aria della foresta sempreverde.

El fresco aroma del pino llenaba el aire del bosque siempre verde.

Le esili betulle si ergevano con grazia lungo la riva del fiume.

Los esbeltos abedules se erguían graciosamente a lo largo de la orilla del río.

Una fila di abeti rossi delimitava il cortile per garantire la privacy.

Una hilera de abetos bordeaba el patio trasero para mayor intimidad.

Il cedro veniva utilizzato per realizzare una cassapanca profumata per riporre i vestiti.

Con el cedro se fabricaba un cofre perfumado para guardar la ropa.

I fiori di ciliegio adornano il ciliegio in primavera, creando un bellissimo spettacolo.

Los cerezos en flor adornaban el cerezo en primavera, creando un bello espectáculo.

L'albero di mele portava frutti deliziosi, perfetti da raccogliere.

El manzano daba frutos deliciosos, perfectos para recoger.

Le sequoie sono molto alte.

Las secuoyas son muy altas.

Una rosa rossa simboleggiava l'amore e la passione nel giardino.

Una rosa roja simbolizaba el amor y la pasión en el jardín.

I tulipani dipingevano il giardino con un arcobaleno di colori ogni primavera.

Los tulipanes pintaban el jardín con un arco iris de color cada primavera.

La piccola margherita bianca è fiorita nel prato, attirando le farfalle.

La pequeña margarita blanca floreció en el prado, atrayendo a las mariposas.

Il giglio profumato ha aggiunto eleganza alla composizione sul tavolo.

El fragante lirio añadía elegancia al arreglo sobre la mesa.

L'alto girasole si rivolgeva al sole del giardino.

El alto girasol volvió su cara hacia el sol en el jardín.

L'iris viola si ergeva alto, i suoi petali come delicate pennellate.

El lirio púrpura se erguía, sus pétalos como delicadas pinceladas.

79. Historia

Le civiltà antiche, come gli Egizi e i Mesopotamici, costruivano strutture impressionanti e avevano società avanzate.

Las civilizaciones antiguas, como la egipcia y la mesopotámica, construyeron estructuras impresionantes y tenían sociedades avanzadas.

Gli antichi greci diedero contributi significativi alla filosofia, all'arte e alla scienza.

Los antiguos griegos hicieron importantes contribuciones a la filosofía, el arte y la ciencia.

La dinastia Ming in Cina ha avuto un impatto duraturo sull'arte e sulla cultura.

La dinastía Ming en China tuvo un impacto duradero en el arte y la cultura.

L'Impero Romano era una forza potente nella storia antica, nota per il suo vasto territorio.

El Imperio Romano fue una fuerza poderosa en la historia antigua, conocida por su vasto territorio.

Gli archeologi utilizzano strumenti e tecniche per scoprire manufatti e conoscere le società del passato.

Los arqueólogos utilizan herramientas y técnicas para descubrir artefactos y aprender sobre las sociedades del pasado.

La Rivoluzione Americana segnò la nascita di una nuova nazione che sfidò il dominio coloniale.

La Revolución Americana marcó el nacimiento de una nueva nación que desafió el dominio colonial.

Il Rinascimento fu un periodo di rinnovato interesse per l'arte, la letteratura e l'apprendimento in Europa.

El Renacimiento fue un periodo de renovado interés por el arte, la literatura y el saber en Europa.

La Rivoluzione Industriale ha trasformato le società attraverso l'introduzione di nuove tecnologie e processi produttivi.

La Revolución Industrial transformó las sociedades mediante la introducción de nuevas tecnologías y procesos de fabricación.

La monarchia britannica ha una lunga storia di re e regine che governano il Paese.

La monarquía británica tiene una larga historia de reyes y reinas gobernando el país.

All'antica Grecia viene attribuito lo sviluppo dei principi democratici.

A la antigua Grecia se le atribuye el desarrollo de los principios democráticos.

80. Economía

L'economia è forte e molte persone stanno trovando nuove opportunità di lavoro.

La economía es fuerte y mucha gente está encontrando nuevas oportunidades laborales.

L'inflazione ha portato ad un aumento dei prezzi dei beni di uso quotidiano, come il cibo e il gas.

La inflación ha provocado la subida de los precios de artículos de uso cotidiano como los alimentos y la gasolina.

Fortunatamente, la deflazione ha recentemente reso alcuni prodotti più accessibili.

Afortunadamente, la deflación ha hecho que recientemente algunos productos sean más asequibles.

I tassi di disoccupazione sono diminuiti, il che indica che un maggior numero di persone sta trovando lavoro.

Las tasas de desempleo han descendido, lo que indica que más personas están encontrando trabajo.

Una forza lavoro qualificata è fondamentale per lo sviluppo economico e l'innovazione.

Una mano de obra cualificada es fundamental para el desarrollo económico y la innovación.

Il mercato regola i prezzi in base alla domanda e all'offerta, il che influenza le nostre decisioni di acquisto.

El mercado ajusta los precios en función de la oferta y la demanda, lo que influye en nuestras decisiones de compra.

Gli investimenti intelligenti nella tecnologia possono portare al successo aziendale a lungo termine.

Las inversiones inteligentes en tecnología pueden conducir al éxito empresarial a largo plazo.

Un tasso d'interesse più basso rende più conveniente per le aziende prendere in prestito denaro per espandersi.

Un tipo de interés más bajo hace que sea más asequible para las empresas pedir dinero prestado para expandirse.

Tenere d'occhio il mercato azionario aiuta gli investitori a prendere decisioni informate sui loro portafogli.

Vigilar el mercado bursátil ayuda a los inversores a tomar decisiones informadas sobre sus carteras.

81. Crisis económica

Molte aziende hanno lottato per sopravvivere durante la recessione, con conseguente disoccupazione diffusa.

Muchas empresas lucharon por sobrevivir durante la recesión, lo que provocó un desempleo generalizado.

Il mercato azionario ha subito un crollo improvviso, erodendo la ricchezza di molti investitori.

El mercado bursátil experimentó un repentino desplome, erosionando la riqueza de muchos inversores.

L'azienda ha presentato istanza di fallimento dopo aver accumulato un enorme debito che non poteva ripagare.

La empresa se declaró en quiebra tras acumular una deuda masiva que no podía pagar.

Diversi Paesi rischiavano di non rispettare i loro prestiti, causando preoccupazione nei mercati finanziari.

Varios países corrían el riesgo de no pagar sus préstamos, lo que causó inquietud en los mercados financieros.

I governi intervengono spesso con pacchetti di salvataggio per stabilizzare le istituzioni finanziarie durante una crisi.

Los gobiernos suelen intervenir con paquetes de rescate para estabilizar las instituciones financieras durante una crisis.

Gli investitori hanno sperimentato il panic selling mentre l'incertezza attanagliava i mercati.

Los inversores experimentaron ventas de pánico mientras la incertidumbre se apoderaba de los mercados.

L'aumento del debito è diventato una delle principali preoccupazioni sia per gli individui che per le aziende.

El aumento de la deuda se convirtió en una gran preocupación tanto para los particulares como para las empresas.

La prolungata recessione economica ha spinto molte aziende al fallimento.

La prolongada recesión económica empujó a muchas empresas a la quiebra.

La diffusa perdita di posti di lavoro ha contribuito a un aumento significativo dei tassi di disoccupazione.

La pérdida generalizada de puestos de trabajo contribuyó a un aumento significativo de las tasas de desempleo.

L'improvviso crollo del mercato ha spazzato via trilioni di dollari di ricchezza degli investitori.

El repentino desplome del mercado acabó con billones de dólares en riqueza de los inversores.

82. Negocios

La preghiamo di inviare una fattura per i servizi forniti il mese scorso.

Por favor, envíe una factura por los servicios prestados el mes pasado.

La nostra azienda è specializzata nello sviluppo di software.

Nuestra empresa está especializada en el desarrollo de software.

L'aumento delle vendite porterà a margini di profitto più elevati.

El aumento de las ventas se traducirá en mayores márgenes de beneficio.

L'azienda ha subito una perdita finanziaria durante la crisi economica.

La empresa experimentó pérdidas financieras durante la recesión económica.

La nuova strategia di marketing ha aumentato in modo significativo le nostre entrate.

La nueva estrategia de marketing ha aumentado significativamente nuestros ingresos.

Una forte campagna di marketing può aumentare la consapevolezza del prodotto.

Una fuerte campaña de marketing puede aumentar el conocimiento del producto.

Il team di vendita ha superato gli obiettivi trimestrali.

El equipo de ventas ha superado sus objetivos trimestrales.

Soddisfare le esigenze dei clienti è una priorità assoluta.

Satisfacer las necesidades de los clientes es una prioridad absoluta.

Le spese di viaggio vengono rimborsate con una documentazione adeguata.

Los gastos de viaje se reembolsan con la documentación adecuada.

L'azienda lancerà una nuova linea di prodotti nel prossimo mese.

La empresa lanzará una nueva línea de productos el próximo mes.

La comprensione del mercato target è essenziale per la crescita dell'azienda.

Comprender el mercado objetivo es esencial para el crecimiento empresarial.

Una fornitura costante di materie prime è essenziale per la produzione.

Un suministro constante de materias primas es esencial para la producción.

Rispondere alla domanda del mercato è essenziale per un'azienda fiorente.

Responder a la demanda del mercado es esencial para un negocio próspero.

Una forte leadership è essenziale per condurre il team al successo.

Un liderazgo fuerte es esencial para conducir al equipo hacia el éxito.

Esamini sempre i termini di un contratto prima di firmarlo.

Revise siempre los términos de un contrato antes de firmarlo.

83. Fabricación

La fabbrica è dotata di macchinari avanzati per accelerare il processo di produzione.

La fábrica está equipada con maquinaria avanzada para acelerar el proceso de fabricación.

Le catene di montaggio semplificano il processo di assemblaggio dei prodotti.

Las cadenas de montaje agilizan el proceso de ensamblaje de los productos.

L'automazione della produzione migliora l'efficienza e riduce i costi di manodopera.

La automatización de la fabricación mejora la eficacia y reduce los costes laborales.

Una catena di approvvigionamento ben gestita assicura un accesso tempestivo alle materie prime.

Una cadena de suministro bien gestionada garantiza el acceso puntual a las materias primas.

Le misure di controllo della qualità mantengono gli standard del prodotto durante la produzione.

Las medidas de control de calidad mantienen los estándares del producto durante la fabricación.

Gli sforzi di miglioramento continuo aumentano l'efficienza produttiva.

Los esfuerzos de mejora continua aumentan la eficacia de la fabricación.

Una corretta gestione dell'inventario previene le carenze o le eccedenze di scorte.

Una gestión adecuada del inventario evita la escasez o el exceso de existencias.

Le fabbriche si basano su una fornitura costante di materie prime per la produzione.

Las fábricas dependen de un suministro constante de materias primas para la producción.

I prodotti finiti sono pronti per essere distribuiti ai consumatori.

Los productos acabados están listos para su distribución a los consumidores.

Una manodopera qualificata ed efficiente è essenziale per la produzione.

Una mano de obra cualificada y eficiente es esencial para la producción.

La produzione di massa consente di realizzare rapidamente grandi quantità di prodotti.

La producción en masa permite fabricar rápidamente grandes cantidades de productos.

L'outsourcing comporta l'affidamento di compiti specifici a partner esterni.

La externalización implica la contratación de tareas específicas a socios externos.

84. Banca

Controllo il mio conto bancario per monitorare le mie transazioni.

Compruebo mi cuenta bancaria para controlar mis transacciones.

Depositerò il denaro sul mio conto prima di effettuare l'acquisto.

Ingresaré el dinero en mi cuenta antes de realizar la compra.

Può prelevare denaro da un bancomat o recarsi in una filiale.

Puede retirar dinero de un cajero automático o acudir a una sucursal.

Tenga sempre d'occhio il saldo del suo conto per evitare di andare in rosso.

Vigile siempre el saldo de su cuenta para evitar sobregiros.

Ogni transazione viene registrata sull'estratto conto, come riferimento.

Cada transacción queda registrada en su extracto para su consulta.

Questa banca offre alti tassi di interesse sui conti di risparmio.

Este banco ofrece elevados tipos de interés en las cuentas de ahorro.

Ho bisogno di assistenza finanziaria e ho richiesto un prestito personale.

Necesito ayuda financiera y he solicitado un préstamo personal.

Un buon punteggio di credito è utile per ottenere buone condizioni di prestito.

Una buena puntuación crediticia es útil para obtener buenas condiciones de préstamo.

Utilizzi la sua carta di debito per fare acquisti quotidiani direttamente dal suo conto.

Utilice su tarjeta de débito para realizar compras cotidianas directamente desde su cuenta.

Individui il bancomat più vicino per accedere comodamente ai contanti.

Localice el cajero automático más cercano para disponer cómodamente de dinero en efectivo.

Visiti la filiale della sua banca per ricevere assistenza personale sul suo conto.

Visite su sucursal bancaria para recibir asistencia personal con su cuenta.

Alcune banche offrono servizi di cambio valuta.

Algunos bancos ofrecen servicios de cambio de divisas.

I tassi di cambio fluttuano, influenzando il valore delle valute estere.

Los tipos de cambio fluctúan, afectando al valor de las divisas.

Ho richiesto un mutuo per l'acquisto di una casa.

He solicitado una hipoteca para comprar una vivienda.

Sto approfittando della comodità di gestire i miei conti online.

Aprovecho la comodidad de gestionar mis cuentas en línea.

85. Seguros

A volte è utile avere un'assicurazione per proteggersi da eventi inaspettati.

A veces es útil tener un seguro para protegerse de los imprevistos.

Riveda regolarmente la sua polizza assicurativa per assicurarsi che risponda alle sue esigenze.

Revise su póliza de seguro con regularidad para asegurarse de que satisface sus necesidades.

Il pagamento puntuale del premio assicurativo garantisce una copertura continua.

Pagar puntualmente la prima de su seguro le garantiza una cobertura continuada.

Comprenda l'estensione della sua copertura prima di fare una richiesta di risarcimento.

Comprenda el alcance de su cobertura antes de presentar una reclamación.

Presentare tempestivamente una richiesta di risarcimento quando subisce un danno coperto.

Presente una reclamación sin demora cuando sufra un siniestro cubierto.

Gli assicuratori valutano diversi fattori per determinare il livello di rischio associato a un assicurato.

Las aseguradoras evalúan diversos factores para determinar el nivel de riesgo asociado a un asegurado.

Devo rinnovare la mia polizza prima che scada.

Necesito renovar mi póliza antes de que caduque.

L'assicurazione di responsabilità civile la protegge dalla responsabilità finanziaria per lesioni o danni a terzi.

El seguro de responsabilidad civil le protege de la responsabilidad financiera por lesiones o daños a terceros.

L'assicurato è coperto dalla polizza.

El asegurado está cubierto por la póliza.

Prenda in considerazione l'aggiunta di una clausola aggiuntiva alla sua polizza per ottenere una copertura supplementare su misura per le sue esigenze.

Considere la posibilidad de añadir una cláusula adicional a su póliza para obtener una cobertura adicional adaptada a sus necesidades.

L'assicurazione auto è essenziale per proteggere il suo veicolo e coprire le potenziali responsabilità.

El seguro de automóvil es esencial para proteger su vehículo y cubrir posibles responsabilidades.

86. Bolsa

Ho comprato delle azioni di una società tecnologica.

Compré acciones de una empresa tecnológica.

Possiedo dieci azioni di questa società.

Poseo diez acciones de esta empresa.

Diversifico il mio portafoglio per una strategia d'investimento equilibrata.

Diversifico mi cartera para lograr una estrategia de inversión equilibrada.

Alcune azioni pagano dividendi agli azionisti.

Algunas acciones pagan dividendos a sus accionistas.

In un mercato toro, i prezzi delle azioni aumentano.

En un mercado alcista, los precios de las acciones suben.

In un mercato orso, i prezzi delle azioni scendono.

En un mercado bajista, los precios de las acciones caen.

L'indice del mercato azionario misura la performance complessiva del mercato.

El índice bursátil mide el rendimiento global del mercado.

Le azioni sono negoziate in borse come il DAX o il NASDAQ.

Las acciones se negocian en bolsas como el DAX o el NASDAQ.

L'azienda si è quotata in borsa per raccogliere capitali.

La empresa salió a bolsa para reunir capital.

Il volume di trading indica il numero di azioni acquistate e vendute.

El volumen de negociación indica el número de acciones compradas y vendidas.

La capitalizzazione di mercato di questa azienda è di 200 milioni di dollari.

La capitalización bursátil de esta empresa es de 200 millones de dólares.

La diversificazione mi aiuta a ridurre il rischio investendo in attività diverse.

La diversificación me ayuda a reducir el riesgo invirtiendo en diferentes activos.

Un frazionamento azionario aumenta il numero di azioni.

Un desdoblamiento de acciones aumenta el número de acciones.

Le opzioni danno il diritto di acquistare o vendere un'azione a un prezzo prestabilito.

Las opciones proporcionan el derecho a comprar o vender una acción a un precio determinado.

Fa trading di azioni.

Comercia con acciones.

87. Finanzas personales

Ho un reddito molto modesto.

Tengo unos ingresos muy modestos.

Tracciare le sue spese la aiuterà a gestire meglio le sue finanze.

El seguimiento de sus gastos le ayudará a gestionar mejor sus finanzas.

È importante mettere da parte una parte del suo reddito per i risparmi.

Es importante reservar una parte de sus ingresos para el ahorro.

Investire in azioni può aiutare a far crescere il suo patrimonio nel tempo.

Invertir en acciones puede ayudarle a aumentar su patrimonio con el tiempo.

L'estinzione dei debiti ad alto tasso di interesse dovrebbe essere una priorità.

Saldar las deudas con intereses elevados debería ser una prioridad.

Ho chiesto un prestito per acquistare un'auto.

Pedí un préstamo para comprar un coche.

La banca addebita gli interessi sul denaro preso in prestito.

El banco cobra intereses por el dinero que le prestan.

Un punteggio di credito elevato aumenta le possibilità di essere approvato per un prestito.

Una puntuación crediticia alta aumenta sus posibilidades de que le aprueben un préstamo.

Un fondo di emergenza offre sicurezza finanziaria in situazioni inaspettate.

Un fondo de emergencia proporciona seguridad financiera en situaciones inesperadas.

Risparmiare per la pensione è fondamentale per la stabilità finanziaria in età avanzata.

Ahorrar para la jubilación es fundamental para la estabilidad financiera en años posteriores.

L'assicurazione sanitaria aiuta a coprire le spese mediche.

El seguro de enfermedad ayuda a cubrir los gastos médicos.

Abbiamo acceso un mutuo per acquistare la nostra prima casa.

Pedimos una hipoteca para comprar nuestra primera casa.

La proprietà di una casa è un esempio di bene prezioso.

Ser propietario de una vivienda es un ejemplo de activo valioso.

Avere troppi debiti può essere una responsabilità finanziaria.

Tener demasiadas deudas puede ser un lastre financiero.

Il patrimonio netto è costituito dalle attività meno le passività.

El patrimonio neto es el activo menos el pasivo.

88. Noticias

Il titolo dell'articolo sul giornale ha attirato la mia attenzione.

El titular del artículo del periódico me llamó la atención.

Ho letto un articolo interessante sul cambiamento climatico.

He leído un artículo interesante sobre el cambio climático.

Il giornalista ha intervistato il sindaco per la storia in arrivo.

El periodista entrevistó al alcalde para el próximo reportaje.

L'editore ha rivisto e modificato il manoscritto prima della pubblicazione.

El editor revisó y editó el manuscrito antes de su publicación.

L'evento ha ricevuto un'ampia copertura da parte della stampa.

El acto recibió una amplia cobertura de prensa.

Il giornalista ha protetto la riservatezza delle sue fonti.

El periodista protegió la confidencialidad de sus fuentes.

La sezione editoriale permette agli scrittori di esprimere le loro opinioni.

La sección editorial permite a los escritores expresar sus opiniones.

Il notiziario va in onda ogni giorno alle 18.00.

El noticiario se emite todos los días a las 18.00 horas.

Il giornalista conduce un'intervista avvincente con lo scrittore.

El periodista realiza una entrevista convincente al escritor.

I social media svolgono un ruolo importante nella diffusione delle notizie.

Los medios sociales desempeñan un papel importante en la difusión de noticias.

L'evento ha ricevuto una pubblicità positiva nei notiziari locali.

El acto recibió una publicidad positiva en las noticias locales.

La censura della stampa può limitare la libertà di espressione.

La censura de prensa puede limitar la libertad de expresión.

Faccia attenzione a diffondere notizie false; verifichi prima le informazioni.

Tenga cuidado con la difusión de noticias falsas; verifique primero la información.

La notizia dell'ultima ora è arrivata sulla prima pagina del giornale.

La noticia de última hora llegó a la primera página del periódico.

Prenda in considerazione un abbonamento per ricevere aggiornamenti quotidiani sulle notizie.

Considere la posibilidad de suscribirse para recibir actualizaciones diarias de las noticias.

89. Política

Il governo gestisce gli affari pubblici.

El gobierno gestiona los asuntos públicos.

In una democrazia, i cittadini partecipano al processo decisionale attraverso il voto.

En una democracia, los ciudadanos participan en la toma de decisiones a través del voto.

Le prossime elezioni determineranno i nuovi leader.

Las próximas elecciones determinarán los nuevos líderes.

I membri di un partito politico condividono obiettivi e valori comuni.

Los miembros de un partido político comparten objetivos y valores comunes.

Il governo implementa nuove politiche per affrontare le tasse elevate.

El gobierno aplica nuevas políticas para hacer frente a los elevados impuestos.

La Costituzione delinea i principi fondamentali di una nazione.

La Constitución esboza los principios básicos de una nación.

Il Presidente ha tenuto un discorso alla nazione.

El Presidente ha pronunciado un discurso a la nación.

Il sindaco supervisiona l'amministrazione di una città.

El alcalde supervisa la administración de una ciudad.

Ogni elettore idoneo ha il diritto di votare alle elezioni.

Todo elector con derecho a voto tiene derecho a votar en unas elecciones.

L'opposizione offre un punto di vista alternativo al partito al potere.

La oposición ofrece un punto de vista alternativo al del partido en el poder.

La lotta alla corruzione è essenziale per mantenere un sistema politico equo.

La lucha contra la corrupción es esencial para mantener un sistema político justo.

La politica estera del governo delinea le sue interazioni con le altre nazioni.

La política exterior del gobierno esboza sus interacciones con otras naciones.

La tutela dei diritti civili assicura che tutti i cittadini siano trattati in modo uguale.

La protección de los derechos civiles garantiza que todos los ciudadanos reciban el mismo trato.

La cittadinanza conferisce agli individui alcuni diritti e responsabilità.

La ciudadanía otorga a los individuos ciertos derechos y responsabilidades.

I dati dei sondaggi forniscono una visione dell'opinione pubblica su vari temi.

Los datos de las encuestas permiten conocer la opinión pública sobre diversos temas.

90. Deportes

Giochiamo a calcio nel parco ogni fine settimana.

Jugamos al fútbol en el parque todos los fines de semana.

Giochiamo a basket dopo la scuola.

Jugamos al baloncesto después del colegio.

Giocare a tennis è un ottimo modo per mantenersi attivi.

Jugar al tenis es una forma estupenda de mantenerse activo.

A mio nonno piace giocare a golf ogni sabato.

A mi abuelo le gusta jugar al golf todos los sábados.

Il rugby è uno sport fisicamente impegnativo.

El rugby es un deporte físicamente exigente.

Prepari una rete da pallavolo sulla spiaggia per una partita amichevole.

Coloque una red de voleibol en la playa para jugar un partido amistoso.

L'hockey su ghiaccio è popolare nei climi freddi.

El hockey sobre hielo es popular en los climas fríos.

Ho imparato a nuotare nella piscina comunale.

Aprendí a nadar en la piscina comunitaria.

Giochiamo a badminton in giardino.

Juguemos al bádminton en el jardín.

Il tennis da tavolo richiede riflessi rapidi e precisione.

El tenis de mesa requiere rapidez de reflejos y precisión.

Gli incontri di boxe mostrano una forza e un'abilità impressionanti.

Los combates de boxeo muestran una fuerza y una destreza impresionantes.

Molte persone praticano le arti marziali per autodifesa.

Muchas personas practican artes marciales para defenderse.

Sciare è un'esperienza esaltante.

Esquiar es una experiencia estimulante.

Lo snowboard è uno sport invernale molto popolare.

El snowboard es un deporte de invierno muy popular.

La vela è uno sport acquatico tranquillo e impegnativo.

La vela es un deporte acuático tranquilo y desafiante.

91. Hablar de deportes

Il calciatore supera i difensori per segnare un gol.

El futbolista regatea a los defensas para marcar un gol.

La squadra di pallacanestro si stava allenando duramente per il torneo imminente.

El equipo de baloncesto estaba practicando duro para el próximo torneo.

L'allenatore ha dato consigli preziosi nei momenti cruciali della partita.

El entrenador dio valiosos consejos en los momentos cruciales del partido.

Il capitano ha guidato la squadra con determinazione e strategia.

El capitán dirigió al equipo con determinación y estrategia.

Il tennista ha stretto la mano al suo avversario dopo una partita difficile.

El tenista estrechó la mano de su oponente tras un duro partido.

Il risultato finale è stato di 3-1.

El resultado final fue de 3-1.

La gioia della vittoria era evidente sui volti dei giocatori.

La alegría de la victoria era evidente en los rostros de los jugadores.

Nonostante gli sforzi, la squadra ha dovuto accettare la sconfitta con dignità.

A pesar de sus esfuerzos, el equipo tuvo que aceptar la derrota con dignidad.

Il vincitore della maratona ha festeggiato tagliando per primo il traguardo.

El ganador del maratón celebró haber cruzado primero la línea de meta.

È importante essere gentili sia nella vittoria che nella sconfitta e riconoscere gli sforzi del perdente.

Es importante ser amable tanto en la victoria como en la derrota, y reconocer los esfuerzos del perdedor.

L'arbitro ha fischiato.

El árbitro hizo sonar el silbato.

Il campo era in condizioni perfette per la partita di campionato.

El terreno de juego estaba en perfectas condiciones para el partido del campeonato.

Il campo da tennis era circondato da spettatori entusiasti.

La pista de tenis estaba rodeada de espectadores entusiastas.

Lo stadio di calcio era pieno di tifosi festanti.

El estadio de fútbol se llenó de hinchas que vitoreaban.

Il giocatore di hockey ha segnato un incredibile gol all'ultimo minuto.

El jugador de hockey marcó un gol increíble en el último minuto.

92. Crimen

La polizia lavora instancabilmente per prevenire e risolvere i crimini nella comunità.

La policía trabaja incansablemente para prevenir y resolver la delincuencia en la comunidad.

La banca è stata oggetto di un'audace rapina a mano armata.

El banco fue el objetivo de un audaz atraco a mano armada.

Il taccheggio è una forma comune di furto che i rivenditori stanno combattendo.

El hurto en tiendas es una forma común de robo que los minoristas están combatiendo.

I vigili del fuoco stanno indagando sull'incendio doloso che ha distrutto l'edificio abbandonato.

Los bomberos están investigando el incendio provocado que destruyó el edificio abandonado.

Gli atti di vandalismo, come i graffiti, deturpano la proprietà pubblica.

Los actos de vandalismo, como las pintadas, desfiguran la propiedad pública.

La vittima è stata ferita in un attacco brutale vicino al parco.

La víctima resultó herida en un brutal ataque cerca del parque.

I detective stanno lavorando per risolvere un omicidio in città.

Los detectives trabajan para resolver un homicidio en la ciudad.

Le truffe online e il furto d'identità sono forme comuni di frode.

Las estafas en línea y el robo de identidad son formas habituales de fraude.

Il sospetto è stato arrestato per aver falsificato le firme su documenti importanti.

El sospechoso ha sido detenido por falsificar firmas en documentos importantes.

Il proprietario dell'attività ha ricevuto messaggi di minaccia che richiedevano denaro in cambio della sicurezza.

El propietario del negocio recibió mensajes amenazadores exigiendo dinero a cambio de seguridad.

Il politico è stato coinvolto in uno scandalo di corruzione e concussione.

El político se vio envuelto en un escándalo de sobornos y corrupción.

I funzionari doganali hanno intercettato una spedizione sospettata di contrabbando di merci illegali.

Los funcionarios de aduanas interceptaron un cargamento sospechoso de contrabando de mercancías ilegales.

93. Ley

La ricerca della giustizia è fondamentale per un sistema legale equo.

La búsqueda de la justicia es fundamental para un sistema jurídico justo.

Ha intentato una causa contro l'azienda per violazione del contratto.

Ha presentado una demanda contra la empresa por incumplimiento de contrato.

Il caso sarà discusso in tribunale il mese prossimo.

El caso se verá en los tribunales el mes que viene.

Il processo è durato diverse settimane prima di raggiungere un verdetto.

El juicio duró varias semanas antes de que se llegara a un veredicto.

Prove solide sono essenziali per costruire un caso forte.

Unas pruebas sólidas son esenciales para construir un caso sólido.

L'imputato si è dichiarato non colpevole.

El acusado se declaró inocente.

L'attore chiede un risarcimento danni.

El demandante solicita una indemnización por daños y perjuicios.

Il giudice emetterà un verdetto dopo aver esaminato le prove.

El juez emitirá un veredicto tras revisar las pruebas.

Un testimone chiave che ha testimoniato durante il processo.

Un testigo clave que declaró durante el juicio.

L'avvocato ha emesso un mandato di comparizione per obbligare il testimone a testimoniare.

El abogado emitió una citación para obligar al testigo a declarar.

Il testimone ha fornito una testimonianza dettagliata e onesta.

El testigo dio un testimonio detallado y honesto.

Criminale: La rapina è considerata un crimine.

Criminal: El robo se considera un delito.

Le cause civili spesso riguardano controversie tra individui o società.

Los casos civiles suelen implicar disputas entre particulares o empresas.

La Costituzione delinea i principi fondamentali di un Paese.

La constitución esboza los principios básicos de un país.

L'imputato ha il diritto di appellarsi se non è soddisfatto del verdetto.

El acusado tiene derecho a apelar si no está satisfecho con el veredicto.

94. Guerra

Il Paese dichiarò guerra in risposta all'aggressione.

El país declaró la guerra en respuesta a la agresión.

Il conflitto di lunga durata ha costretto migliaia di persone a lasciare le loro case.

El prolongado conflicto ha obligado a miles de personas a abandonar sus hogares.

I soldati sono impegnati in una feroce battaglia per il controllo dell'avamposto strategico.

Los soldados libran una encarnizada batalla por el control del puesto estratégico.

L'addestramento al combattimento prepara i soldati alle sfide del campo di battaglia.

El entrenamiento de combate prepara a los soldados para los desafíos del campo de batalla.

Il soldato coraggioso viene premiato con una medaglia per il coraggio nell'adempimento del suo dovere.

El valiente soldado recibe una medalla por su valor en el cumplimiento del deber.

Le truppe sono state inviate al confine per proteggere l'area.

Se han enviado tropas a la frontera para asegurar la zona.

L'esercito ha investito in armi avanzate per la difesa.

Los militares invirtieron en armamento avanzado para la defensa.

Il medico si è precipitato a curare i feriti sul campo di battaglia.

El médico se apresuró a atender a los heridos en el campo de batalla.

I Paesi formarono alleanze per rafforzare la loro posizione nel conflitto.

Los países formaron alianzas para reforzar su posición en el conflicto.

Identificare i movimenti del nemico è fondamentale per la strategia militare.

Identificar los movimientos del enemigo es crucial para la estrategia militar.

La nazione celebra una vittoria combattuta sull'aggressore.

La nación celebra una reñida victoria sobre el agresor.

Il trattato di pace è stato firmato.

Se firmó el tratado de paz.

Un cessate il fuoco temporaneo ha permesso agli aiuti umanitari di raggiungere le aree colpite.

Un alto el fuego temporal permitió que la ayuda humanitaria llegara a las zonas afectadas.

L'esercito decise di ritirarsi per evitare ulteriori perdite.

El ejército decidió retirarse para evitar más pérdidas.

95. Partes del cuerpo

Lei fece un cenno di assenso con la testa.

Ella asintió con la cabeza.

I suoi capelli lunghi e fluenti hanno attirato l'attenzione di tutti.

Su pelo largo y suelto llamó la atención de todos.

Il suo volto si illuminò di un sorriso quando vide la sua amica.

Su rostro se iluminó con una sonrisa cuando vio a su amiga.

I suoi occhi brillarono di eccitazione quando aprì il regalo.

Sus ojos brillaron de emoción al abrir el regalo.

Si è stropicciata il naso per l'odore sgradevole.

Arrugó la nariz ante el desagradable olor.

Il cibo delizioso le lasciò un sapore persistente in bocca.

La deliciosa comida le dejó un sabor persistente en la boca.

Ha sfoggiato un sorriso luminoso, rivelando i suoi denti bianchi.

Mostró una sonrisa brillante, dejando ver sus blancos dientes.

Si coprì le orecchie per non sentire alcun rumore.

Se tapó los oídos para no oír ningún ruido.

Le sue spalle si abbassarono per la delusione.

Sus hombros se hundieron con decepción.

Lo avvolse con le braccia e lo abbracciò.

Le rodeó con los brazos y le dio un abrazo.

Le sue mani tremavano per l'anticipazione nervosa.

Sus manos temblaban de nerviosa expectación.

Ha suonato una melodia al pianoforte con dita agili.

Tocó una melodía al piano con dedos ágiles.

Portava il pesante fardello sulla schiena.

Llevaba la pesada carga a la espalda.

Le sue gambe forti lo hanno portato senza sforzo al traguardo.

Sus fuertes piernas le llevaron sin esfuerzo a través de la línea de meta.

I suoi piedi erano doloranti dopo una lunga giornata di cammino.

Tenía los pies doloridos tras un largo día de caminata.

96. Salud

Una buona salute è essenziale per una vita felice.

La buena salud es esencial para una vida feliz.

L'esercizio fisico regolare contribuisce a migliorare la salute fisica e mentale.

El ejercicio regular contribuye a mejorar la salud física y mental.

Una dieta equilibrata è essenziale per una nutrizione e una salute ottimali.

Una dieta equilibrada es esencial para una nutrición y una salud óptimas.

Rimanere idratati è molto importante.

Mantenerse hidratado es muy importante.

Gestire lo stress attraverso le tecniche di rilassamento ha un effetto positivo sulla salute mentale.

Controlar el estrés mediante técnicas de relajación tiene un efecto positivo en la salud mental.

Programmi visite mediche regolari per monitorare la sua salute.

Programe revisiones médicas periódicas para controlar su salud.

La pressione alta può portare a seri problemi di salute.

La hipertensión puede provocar graves problemas de salud.

L'ipertensione arteriosa è una condizione comune che richiede cambiamenti nello stile di vita e farmaci.

La hipertensión arterial es una afección común que requiere cambios en el estilo de vida y medicación.

Il monitoraggio dei livelli di colesterolo è importante per il cuore.

Controlar los niveles de colesterol es importante para el corazón.

La gestione corretta del diabete prevede una combinazione di farmaci e cambiamenti nello stile di vita.

El control adecuado de la diabetes implica una combinación de medicación y cambios en el estilo de vida.

La vaccinazione antinfluenzale annuale è raccomandata per le persone a rischio.

Se recomienda la vacunación anual contra la gripe para las personas de riesgo.

Dare priorità alla salute mentale è molto importante.

Dar prioridad a la salud mental es muy importante.

Faccia attenzione a qualsiasi sintomo insolito e consulti un medico.

Esté atento a cualquier síntoma inusual y consulte a un profesional sanitario.

La diagnosi è il primo passo per un trattamento efficace.

El diagnóstico es el primer paso para un tratamiento eficaz.

Un trattamento tempestivo e appropriato può migliorare i risultati di salute.

Un tratamiento oportuno y adecuado puede mejorar los resultados sanitarios.

97. Médicos

Vedo il mio medico di famiglia per controlli regolari e per problemi di salute generale.

Acudo a mi médico de cabecera para revisiones periódicas y problemas generales de salud.

Vedo un cardiologo per il mio problema cardiaco.

Acudo a un cardiólogo por mi enfermedad cardíaca.

Il dermatologo mi ha consigliato una crema per l'eruzione cutanea.

El dermatólogo me recomendó una crema para la erupción.

L'oculista esamina i miei occhi e prescrive gli occhiali.

El oftalmólogo me examina los ojos y me receta gafas.

L'ortopedico ha sistemato la mia gamba rotta.

El traumatólogo me colocó la pierna rota.

Il mio ginecologo mi sta aiutando con la mia gravidanza.

Mi ginecólogo me está ayudando con mi embarazo.

Il mio neurologo ha diagnosticato le mie emicranie e mi ha prescritto dei farmaci.

Mi neurólogo diagnosticó mis migrañas y me recetó medicación.

Il mio psichiatra mi aiuta a gestire lo stress e l'ansia.

Mi psiquiatra me ayuda a afrontar el estrés y la ansiedad.

Il gastroenterologo si occupa dei miei problemi digestivi.

El gastroenterólogo trata mis problemas digestivos.

Il mio urologo cura i miei calcoli renali.

Mi urólogo trata mis cálculos renales.

Il reumatologo mi aiuta a gestire l'artrite.

El reumatólogo me ayuda a controlar mi artritis.

Il pneumologo cura la mia asma.

El neumólogo trata mi asma.

Il nefrologo monitora la mia funzione renale.

El nefrólogo controla mi función renal.

L'ematologo supervisiona il mio trattamento dei disturbi del sangue.

El hematólogo supervisa mi tratamiento de los trastornos sanguíneos.

L'allergologo mi aiuta a gestire le mie allergie stagionali.

El alergólogo me ayuda a controlar mis alergias estacionales.

98. Unidades de medida

Il mio appartamento è di 300 metri quadrati.

Mi apartamento tiene 300 metros cuadrados.

La sua casa è di 120 metri quadrati.

Su casa tiene 120 metros cuadrados.

Un sacco di riso pesa un chilogrammo.

Un saco de arroz pesa un kilogramo.

Ho impiegato un'ora e mezza per completare il compito.

Tardé una hora y media en completar la tarea.

Il cronometro ha registrato un tempo di trenta secondi.

El cronómetro registró un tiempo de treinta segundos.

L'acqua congela a 0 gradi Celsius, ovvero a 273,15 Kelvin.

El agua se congela a 0 grados Celsius, lo que equivale a 273,15 Kelvin.

A Chicago, la temperatura era di 30 gradi Fahrenheit, quindi molto fredda.

En Chicago, la temperatura era de 30 grados Fahrenheit, que es muy fría.

Una piccola graffetta pesa circa un grammo.

Un pequeño clip pesa aproximadamente un gramo.

Una bottiglia contiene un litro di soda.

Una botella contiene un litro de refresco.

Questa lampadina consuma 60 watt.

Esta bombilla consume 60 vatios.

Lo schermo del mio televisore è di 32 pollici.

La pantalla de mi televisor es de 32 pulgadas.

Ho comprato un chilo di banane.

He comprado medio kilo de plátanos.

Un metro corrisponde a 100 centimetri.

Un metro son 100 centímetros.

Ho guidato a 60 miglia all'ora.

Conduje a 100 km/h.

La mia auto accelera a 100 chilometri all'ora in 10 secondi.

Mi coche acelera hasta los 100 kilómetros por hora en 10 segundos.

99. Conjunciones oracionales

Mi piace sia il gelato al cioccolato che quello alla vaniglia.

Me gusta tanto el helado de chocolate como el de vainilla.

Voleva andare alla festa, ma doveva fare i compiti.

Quería ir a la fiesta, pero tenía que hacer los deberes.

Può prendere un tè o un caffè.

Puede tomar té o café.

Sta piovendo, quindi dovremmo portare gli ombrelli.

Está lloviendo, así que deberíamos llevar paraguas.

Né il gatto né il cane volevano uscire sotto la pioggia.

Ni el gato ni el perro querían salir bajo la lluvia.

Andremo a fare una passeggiata dopo cena.

Iremos a dar un paseo después de cenar.

Anche se lei si è scusata, è stato difficile per lui perdonarla.

Aunque ella se disculpó, a él le costó perdonarla.

È rimasta in casa perché fuori faceva troppo caldo.

Se quedó dentro porque fuera hacía demasiado calor.

Finisca i compiti prima di uscire a giocare a calcio.

Termine sus deberes antes de salir a jugar al fútbol.

Ti chiamo quando arrivo all'aeroporto.

Le llamaré cuando llegue al aeropuerto.

Sa cantare e ballare allo stesso tempo.

Sabe cantar y bailar al mismo tiempo.

È alta come suo fratello.

Es tan alta como su hermano.

Non supererà l'esame se non studia.

No aprobará el examen si no estudia.

Aspetti qui finché non torno.

Espera aquí hasta que vuelva.

Non so se indossare un vestito o dei pantaloni.

No sé si ponerme un vestido o unos pantalones.

100. Formular hipótesis

Se l'acqua viene riscaldata a 100 gradi Celsius, bolle.

Si calienta agua a 100 grados centígrados, hervirá.

Se domani piove, resteremo in casa.

Si mañana llueve, nos quedaremos dentro.

Se vincerò la lotteria, viaggerò intorno al mondo.

Si me toca la lotería, daré la vuelta al mundo.

Se avessi studiato di più, avrei superato l'esame.

Si hubiera estudiado más, habría aprobado el examen.

Se non avesse perso l'autobus, ora non sarebbe in ritardo.

Si no hubiera perdido el autobús, ahora no llegaría tarde.

Il ghiaccio si scioglie quando la temperatura supera lo zero.

El hielo se derrite cuando la temperatura sube por encima del punto de congelación.

Se finisce il lavoro in tempo, può unirsi a noi per il pranzo.

Si termina su trabajo a tiempo, puede unirse a nosotros para comer.

Se fossi in lei, farei domanda per questo lavoro.

Si yo fuera usted, solicitaría este trabajo.

Se avessimo saputo del traffico, non avremmo preso questa strada.

Si hubiéramos sabido lo del tráfico, no habríamos tomado esta ruta.

Se lo avesse saputo prima, avrei potuto aiutarla.

Si lo hubiera sabido antes, podría haberle ayudado.

Se si mescolano il rosso e il blu, si ottiene il viola.

Si mezcla rojo y azul, obtendrá púrpura.

Se supera il colloquio, otterrà il lavoro.

Si supera la entrevista, obtendrá el empleo.

Se mi invita, verrò.

Si me invita, iré.

Se avessi saputo che era il suo compleanno, le avrei comprato un regalo.

Si hubiera sabido que era tu cumpleaños, te habría comprado un regalo.

Se avessi avuto la ricetta, avrei potuto preparare quella torta deliziosa.

Si tuviera la receta, podría haber hecho ese delicioso pastel.

101.   Otras palabras y expresiones útiles

Non mi interessa.

No me importa.

È inutile. Non serve a nulla.

Es inútil. No sirve para nada.

Non deve preoccuparsi. Me ne occuperò io.

No tiene que preocuparse por ello. Yo me ocuparé de ello.

Con il tempo, mi sono abituata.

Con el tiempo, me acostumbré.

Non è un grosso problema.

No es para tanto.

Non ci credo, ma va bene.

No me lo creo, pero bueno.

È davvero bello. Mi piace molto.

Es realmente genial. Me gusta mucho.

In altre parole, non è possibile.

En otras palabras, no es posible.

Tutto sommato, è tutto.

En definitiva, eso es todo.

Molto dipende dalla sua decisione.

Mucho depende de su decisión.

È troppo costoso.

Es demasiado caro.

È soggettivo.

Es subjetivo.

Per esempio, supponiamo che abbia 10 dollari. Come li spenderebbe?

Por ejemplo, supongamos que tiene 10 dólares. ¿Cómo se los gastaría?

Perché me lo chiede?

¿Por qué lo pregunta?

Mi sembra che si sbagli.

Me parece que se equivoca.

Made in United States
Orlando, FL
14 May 2025

61266893R10061